Arne Mayerhof

Kinderarmut in Deutschland

Ursachen, Auswirkungen und Handlungsmöglichkeiten der Sozialen Arbeit

Bibliografische Information der Deutschen Nationalbibliothek:

Die Deutsche Nationalbibliothek verzeichnet diese Publikation in der Deutschen Nationalbibliografie; detaillierte bibliografische Daten sind im Internet über http://dnb.d-nb.de abrufbar.

Impressum:

Copyright © Science Factory 2018

Ein Imprint der Open Publishing GmbH, München

Druck und Bindung: Books on Demand GmbH, Norderstedt, Germany

Covergestaltung: Open Publishing GmbH

Inhaltsverzeichnis

Abbildungsverzeichnis

1 Einleitung

Das Wort „Armut" impliziert spontan bedrückende Bilder von Welthunger und größter Not. Laut Armutsbericht des Paritätischen Wohlfahrtsverbandes aus dem Jahr 2017 liegt die Armutsquote in Deutschland zurzeit bei 15,7 Prozent der Bevölkerung und bedeutet rein rechnerisch, dass 12,9 Millionen Menschen in diesem Lande als relativ arm gelten (vgl. Finkenwirth & Diemand 2017)

Deutschland gilt als reiches Land und entwickelt sich dank starker Exporte in den letzten Jahren sogar in Richtung Vollbeschäftigung und Steuerüberschuss. Wieso sind dann Armut und Kinderarmut beständige und wiederkehrende Themen in Medien, Resolutionen und Forschungsprojekten und warum sind die ausgewiesenen Zahlen derart hoch und ungebrochen? Was zeichnet diese relative Armut in Deutschland aus, wer ist wie betroffen? Diesen Fragen bin ich mit der vorliegenden Arbeit nachgegangen, habe mögliche Ursachen und Zusammenhänge ergründet. Meinen Untersuchungsgegenstand bilden die Kinder als von Armut Betroffene. Ich habe sie deshalb für dieses Thema gewählt, weil sie als Kinder in gegebene elterliche Armutsumstände hineinwachsen und sich damit ohne eigenes Zutun einem herausfordernden Lebensweg stellen müssen. Steht ihnen dabei ein besonderer gesellschaftlicher Schutz zur Seite? Ich habe das erwartet, jedoch lassen die publizierten Armutszahlen eher die Schlussfolgerung zu, dass diese „Unbeteiligten" von Staat und Gesellschaft im Stich gelassen werden. Ich prüfe in dieser Arbeit diese Annahme. Darüber hinaus eruiere ich, was meine Profession nicht nur wissenschaftlich zum Thema erforscht hat, sondern auch an Möglichkeiten praktiziert und initiiert, um diesen belastenden Umständen Rechnung zu tragen. Nicht eingegangen bin ich auf die spezielle Armuts- und Lebensbewältigung unter Migranten und Flüchtlingen, die für mich ein eigenes Thema bilden.

Im Kontext der Fragestellung hat mich überdies besonders die Einbettung des zu untersuchenden Problems in das soziale und gesellschaftliche System und seine Wirkmechanismen interessiert. Ich gehe der Fragestellung nach, was der untersuchte Gegenstand „Kinderarmut" für diese Gesellschaft bedeutet und wer über seine gesellschaftliche Relevanz entscheidet und damit auch festlegt, ob das Problem einen Handlungsbedarf erfordert. Um dieses analysieren und prüfen zu können, habe ich die aus meiner Sicht wesentlichen Rahmenbedingungen und Indikatoren versucht zu ermitteln und in ihren Wirkungsweisen transparent zu machen.

Weiterhin beziehe ich in diese Arbeit ein, welche historische Entwicklung Kinderarmut in Deutschland durchlaufen hat. Was gilt es dabei an gesellschaftlich relevanten Bedingungen und Einflussfaktoren zu betrachten, um zu verstehen was zur Entstehung, Fortbestand und auch zu einer eindeutigen Reduzierung derselben führen könnte? Als Vertreter der Sozialen Arbeit interessiere ich mich darüber hinaus für die Stellung der Profession im System, ihre Sicht auf das Problem und ihre Handlungsmöglichkeiten.

Die Vorgehensweise und Strukturierung der Arbeit gliedert sich in vier Teilbereiche mit dazugehörigen Unterbereichen. Diese sind mit eigenen Überschriften versehen und decken damit Teilbereiche der jeweiligen Kapitel ab.

Kapitel 1 widmet sich der Erfassung und Definition der Kinderarmut. Ausgewiesenes Zahlenmaterial sorgt dabei für eine erste quantitative Bestimmung und Dimension des zu untersuchenden Gegenstandes. Es folgen unterschiedliche Definitionen des Problems, auch qualitativ, um hier die persönlichen Wirkungen auf die Betroffenen zu verdeutlichen. Abgeschlossen und abgerundet wird die Einführung mit einem Blick in die historische Konstanz des Problems.

Kapitel 2 widmet sich den möglichen Ursachen und nimmt daher das bestehende Wirtschaftssystem und seine Wirkmechanismen in den Fokus. Wie verhalten sich flexibler Arbeitsmarkt, digitale Revolution, zwischenmenschliche Verhältnisse und der soziale Staat zueinander in ihren Wechselwirkungen in der Entstehung und Fortschreibung von Kinderarmut?

Kapitel 3 steht ganz im Zeichen der Erforschung von Kinderarmut und der Selbstwahrnehmung der Betroffenen, sowie gewonnener Erkenntnisse, die Auswege aus der Misere aufzeigen.

Kapitel 4 ist bestimmt von der Darstellung Sozialer Arbeit, ihren gesellschaftlichen Einflussmöglichkeiten, ihrem Rollenverständnis im System und eigener konkreter Beiträge, auf Kinderarmut einzuwirken.

Ich arbeite mit vielfältigen literarischen Quellen, vielen Büchern und Artikeln zum Thema. Digitale Quellen machen zeitnahe Bezüge und Material verfügbar und nicht zuletzt habe ich Veranstaltungen besucht und eigene Recherchen zum Thema angestellt.

2 Kinderarmut als Gegenstand der Untersuchung

Um quantitativ und qualitativ dem Begriff „Kinderarmut" ein Gesicht, eine gesellschaftliche Einordnung und konkrete Relevanz zu geben, bin ich den im Anschluss folgenden Fragestellungen nachgegangen. Dieses Kapitel dient als fundierte Einführung ins Thema und führt zu erster Veranschaulichung von Tragweite und Mehrdimensionalität des untersuchten Gegenstandes. Gleichzeitig wird hier deutlich, wie kontrovers definiert, bewertet und unterschiedlich tief und emotional berührt „Kinderarmut" wahrgenommen und als zu behandelndes Thema von Bedeutung gesehen wird.

2.1 Relative Armut in Deutschland

„Relative Armut in Deutschland bedeutet, Menschen gelten dann als arm, wenn sie über weniger als 60 Prozent des mittleren Einkommens verfügen. Zugrunde liegt dabei das gesamte Nettoeinkommen des Haushaltes, inklusive Wohngeld, Kindergeld, Kinderzuschlag, andere Transferleistungen oder sonstige Zuwendungen". In Deutschland gilt 2017 gemäß dieser Definition als arm, wer als Single weniger als 917 Euro netto verdient, bei einer Alleinerziehenden mit einem Kind unter sechs Jahren liegt die Grenze bei 1.192 Euro und bei einer vierköpfigen Familie je nach Alter der Kinder zwischen 1.978 und 2.355 Euro netto (Finkenwirth & Diemand 2017).

Armutsdefinitionen sind in Deutschland grundsätzlich umstritten, egal welche Aussagen sie implizieren, im Übrigen genauso wie der Begriff des Reichtums. „Einigkeit besteht jedoch darin, dass Definitionen von Armut eine soziale Konstruktion darstellen, denn eine Definition ist immer mit gesellschaftlichen Werten und Normvorstellungen verbunden." (Siegel 2012)

Grob unterschieden wird zunächst zwischen absoluter und relativer Armut, während letztere die Armutsform ist, die wir in Deutschland antreffen. Definitionen und Aussagen zur Armutsrealität, die sich auf rein quantitative Messverfahren und Zahlen gründen, erschweren eine gesellschaftliche Einordnung und Darstellung der wahren Verhältnisse. Wer verstehen will, was Armut als persönliche Lebenslage wirklich bedeutet, muss seine Wahrnehmung erweitern und nicht nur auf das bloße Fehlen und Ausgleichen monetärer Möglichkeiten (Einkommensarmut) beschränken, um primär existenzielle Grundbedürfnisse, wie Ernährung und Wohnen bedingt befriedigt zu sehen.

Folgendes Zitat aus 2005 verdeutlicht, dass sich auch die politische Sicht seit geraumer Zeit an diesem Punkt erweitert und entwickelt:

„Im zweiten Armutsbericht der Bundesregierung von 2005 heißt es darum zu Recht: ‚Schließlich greift eine indirekte Bestimmung der Armut wie etwa in Form der Einkommensarmut zu kurz, wenn andere Faktoren (z.B. Vermögen, Schulden, Gesundheit, Bildung, Arbeitslosigkeit) bei gleichem Einkommen einen jeweils unterschiedlichen Stellenwert besitzen.‘ Vor allem geht es bei der Beurteilung der relativen Armut um den tatsächlichen Lebensstandard bzw. um die tatsächliche Befriedigung der Grundbedürfnisse." (World Vision Institut 2008)

2.2 Kindliche Armut

Kinderarmut meint die Folgen familiärer Einkommensarmut bei Kindern.

Wird von Armut bei Kindern gesprochen, dann gilt:

- Ausgangspunkt ist die relative Einkommensarmut
- Das Kind lebt in einer einkommensarmen Familie
- Es zeigen sich kindsspezifische Erscheinungsformen von Armut in Gestalt von materieller, kultureller, gesundheitlicher und sozialer Unterversorgung.
- Die Entwicklungsbedingungen des Kindes sind beeinträchtigt, wobei das ein Aufwachsen im Wohlergehen, mit Benachteiligungen oder in multipler Deprivation umfassen kann.
- Die Zukunftsperspektive des Kindes ist eingeschränkt.
- (Vgl. Hock et al. 2000: 12 f)

Kinder werden in die Welt ihrer Eltern hineingeboren, folgerichtig leben sie somit auch unter den elterlichen Bedingungen. Wenn diese „arm" sind, hat das auch für die Kinder Folgen, mit denen sie sich konfrontiert sehen.

> „Wenn wir von armen Kindern reden, geht es nicht nur um einen Aspekt von Familienarmut, deren Folgen man ausschließlich als Probleme von Familien und deren individualisierter Verantwortlichkeit abhandeln kann. Es geht um die Armut von Kindern, die anders als Erwachsende und ohne eigene Einflussmöglichkeit in ihrer Lebenslage von materieller, sozialer und kultureller Unterversorgung bedroht und in ihrer Entwicklung beeinträchtigt sind." (Hammer & Lutz 2015: 7)

Zeitgerecht unterscheidet die Armutsforschung heute zwischen „alter" und „neuer" Armut mit direkten und unterschiedlichen Auswirkungen auf die Kinderarmut:

- „Alte Armut" meint gewachsene Armut über mehrere Generationen, die gekennzeichnet ist von multiplen Problemlagen wie Dauerarbeitslosigkeit, niedrigem Bildungsstand der Eltern, Leben in sozialen Brennpunkten und Schuldenlast. Erschwerend kommen manchmal noch chronische Krankheiten, Suchtprobleme, delinquentes Verhalten und Isolationsprobleme hinzu. Unter diesen Voraussetzungen ist es für Kinder besonders schwer, eine eigene unabhängige Zukunftsperspektive aufzubauen.

- „Neue Armut" gründet ursächlich stärker auf sich aktuell schnell verändernde gesellschaftliche Prozesse in den Bereichen Arbeit und sozialer Bindung. Flexibilisierung und Deregulierung von Arbeitsverhältnissen, erhöhte Scheidungs- und Trennungsraten, gegebenenfalls noch mit mehreren Kindern, führen ohne entsprechende finanzielle Absicherungen schneller in die Armut quer durch alle gesellschaftlichen Schichten. Das bedeutet auch, gerade weil der Wechsel oder das Abrutschen in arme Verhältnisse nicht unbedingt zu erwarten war, eine eher unsichtbare Armut, für die neu sensibilisiert werden muss. Vielfach ist diese Form der Armut vorübergehender Natur, weil hier oft andere Ressourcen verfügbar sind. Höhere Bildung, soziale Netzwerke und eigene Initiativen ermöglichen es häufig, auch für die betroffenen Kinder nachhaltige Armutsfolgen zu vermeiden.

2.3 Das Lebenslagenkonzept kindlicher Armut

> „Quantitativ lässt sich Armut gut durch die relative Einkommensarmut beziffern. Die Folgen und Auswirkungen von Armut werden dadurch jedoch nicht sichtbar. Dies können nur Ansätze leisten, die Armut als mehrdimensionales Problem verstehen wie der Lebenslagenansatz." (Chassé u.a. 2010: 54-55)

Im Folgenden schildere ich kurz die Entwicklungsgeschichte des Lebenslagenkonzeptes und des immanenten Begriffs der Mehrdimensionalität. Das ursprüngliche Konzept und der Begriff „Lebenslage" stammt von Otto Neurath, eingeführt in die Sozialwissenschaft in den 1930er Jahren mit erstmaliger Betonung einer Mehrdimensionalität von Lebensumständen, die Menschen beeinflussen. Was meint, dass alle Faktoren, die auf den Menschen wirken, auch Einfluss nehmen können auf seine Entwicklung und sein Befinden.

Beispiele von Lebensweltbezügen, auf die zur damaligen Zeit abgestellt wurde, waren:

- Wohnung, Nahrung, Kleidung, Gesundheitspflege (primäre Bedürfnisse)
- Bücher, Theater (kulturelle Bedürfnisse)
- Freundliche menschliche Umgebung (soziale Bedürfnisse)

Otto Weiser gilt als derjenige, der in den 1950 Jahren die Konzeption von Neurath dahingehend erweitert hat, dass er den Fokus stärker auf Spielräume und Handlungsmöglichkeiten abstellt, die Lebenssituationen ausmachen und bestimmen. Damit macht er deutlich, dass Menschen unterschiedliche Möglichkeiten zur Verfügung stehen, ein „sinnerfülltes Leben" führen zu können.

Ingeborg Nahnsen hat in den 1970er Jahren ergänzend hierzu Einzelspielräume definiert, die in ihrer Gesamtheit einer neuzeitlichen mehrdimensionalen Lebenslagedefinition entsprechen:

- Versorgungs-und Einkommensspielraum
- Kontakt und Kooperationsspielraum
- Lern-und Erfahrungsspielraum
- Dispositionsspielraum

Inhalte und Bedürfnisse haben sich neuzeitlich nur bedingt verändert. Armutsforschung und die Anwendung des Lebenslagekonzeptes fand erst in den 1980er und 1990er Jahren statt. Das aktuell auf Armut angewandte Lebenslagenkonzept, das sowohl in der Sozialberichterstattung, wie auch in den Armutsberichten von DGB, Paritätischem Wohlfahrtsverband, Hans Böckler Stiftung und in die Abfassung der Armuts- und Reichtumsberichte der Bundesregierung Einlass gefunden haben, basiert auf der Wahrnehmung von Wechselwirkungen und Mehrdimensionalität von menschlichen Lebenslagen. Es nimmt in seiner Betrachtung nicht nur die materiellen, sondern auch die immateriellen Ressourcen des Einzelnen mit in den Blick, wie Bildung, Gesundheit und soziale Netzwerke.

„Um ein präziseres Bild kindlicher Armut zu erhalten findet das Lebenslagenkonzept da Anwendung wo der Versuch unternommen wird, im ‚Feld' die kindliche ‚Lebenslage als Lebensgesamtchance' (Chassé u.a. 2003: 51) in Form einer ganzheitlichen Betrachtung und einer umfassenden Auswertung einer Vielzahl vorab gesetzten und zu untersuchenden und sich beeinflussenden Faktoren zu unternehmen und zu ermitteln." (Seithe 2001: 81ff). Parallelen weist die Konzeption auch zu Seithes Verständnis von ‚Kindeswohl' als Gesamtheit der erforderlichen Sozialisationsbedingungen auf.

Parallel wird in Fachkreisen auch der Capabilities Ansatz des Ökonomie Nobelpreisträgers Amartya Sens diskutiert, der von Verwirklichungschancen spricht als relevante Alternative zum Lebenslagenansatz und dem rein die materielle Unterversorgung messenden Lebensstandardansatz. Unter anderem wird davon ausgegangen, dass dieser Ansatz moderner und international anschlussfähiger ist (vgl. Engels 2008).

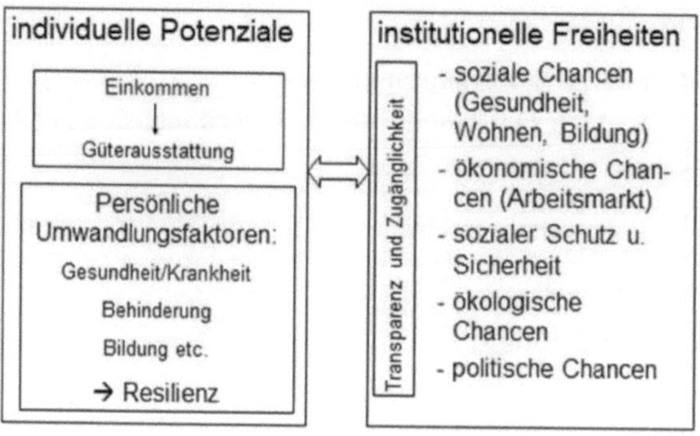

Abbildung 1: Verwirklichungschancen nach Amartya Sen
Quelle: Machbarkeitsstudie des Instituts für Angewandte Wirtschaftsforschung, Mai 2005, in: http://www.armutszeugnisse.de/glossar/verwirklichungschancen.htm

Mehrdimensionale Lebenslagenkonzeptionen und Betrachtungsweisen ermöglichen einen differenzierteren Blick auf die tatsächlichen Verhältnisse und Möglichkeiten, in denen sich Kinder, die in Armut aufwachsen, befinden. Sie helfen die Zusammenhänge zwischen Unterversorgung und ihren Auswirkungen nicht nur immer besser zu erkennen, sie sorgen auch dafür, mögliches Entwicklungspotential passgenauer zu erkennen und zu fördern.

Lebenslagenkonzeptionen sind Ansätze, die flexibel anwendbar, also auch in Zukunft nutzbar eingesetzt werden können. Sie können jederzeit den zeitgemäßen Fragestellungen angepasst werden. Sie sind daher ein geeignetes Instrument, um In- und Exklusionsprozesse in Gesellschaften sichtbar zu machen. Sie können dazu dienen, entsprechende Handlungs- und Gestaltungsstrategien zu entwickeln, um den festgestellten Unterversorgungen wirksam zu begegnen. Jede weitere Frage, die dazu dient, erlebte Lebenslagen als nicht erlebte Teilhabe zu identifizieren, hilft dem mehrdimensionalen Lebenslagenkonzept noch besser zu werden in der Wahrnehmung individueller Lebenswelten. Im Zuge dieser Anwendung ist nicht nur eine verbesserte Förderung möglich, es kann auch differenziert die Lebenswelt von Armut Betroffener vermittelt werden, die in der öffentlichen Wahrnehmung oft in Vorurteilen stecken bleibt. Arm heißt nicht gleich arm und es ist wichtig, die vielen Gesichter von Armut vorurteilsfrei kategorisieren und vermitteln zu können.

2.4 Kinderarmut in Zahlen/Statistiken

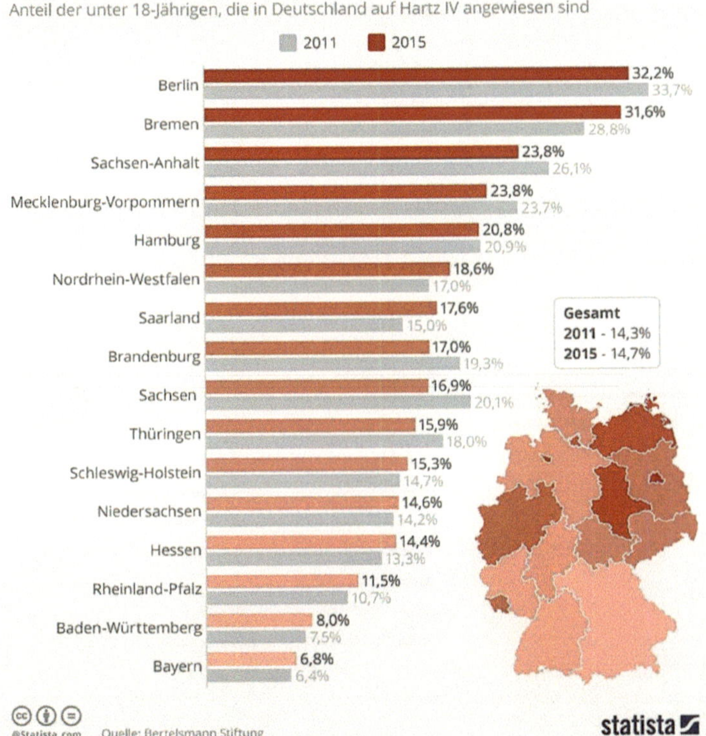

Abbildung 2: Kinderarmut in den Bundesländern
Quelle: Bertelsmann-Stiftung 2015

Kinderarmut und entsprechende Hartz IV Bezüge von Kindern und Jugendlichen bis 18 Jahren sind in Deutschland seit vielen Jahren auf einem konstant hohen Niveau, auch wenn es immer wieder Abweichungen in den einzelnen Bundesländern nach oben und unten gibt. Auffällig ist die durchwachsende Verteilung zwischen Ost- und Westdeutschland, wobei der Osten Deutschlands bei den Zahlen im Mittelfeld rangiert und der Westen die Plätze am Anfang und am Ende der Rangliste belegt. Stark kontrastierend sind zudem die Werte zwischen dem Spitzenreiter Berlin und dem Schlusslicht Bayern mit den niedrigsten Kinderarmutswerten.

Eine weitere Grafik stellt die Unterversorgungslagen von Kindern unter 15 Jahren und ihren Familien im Jahre 2015 dar.

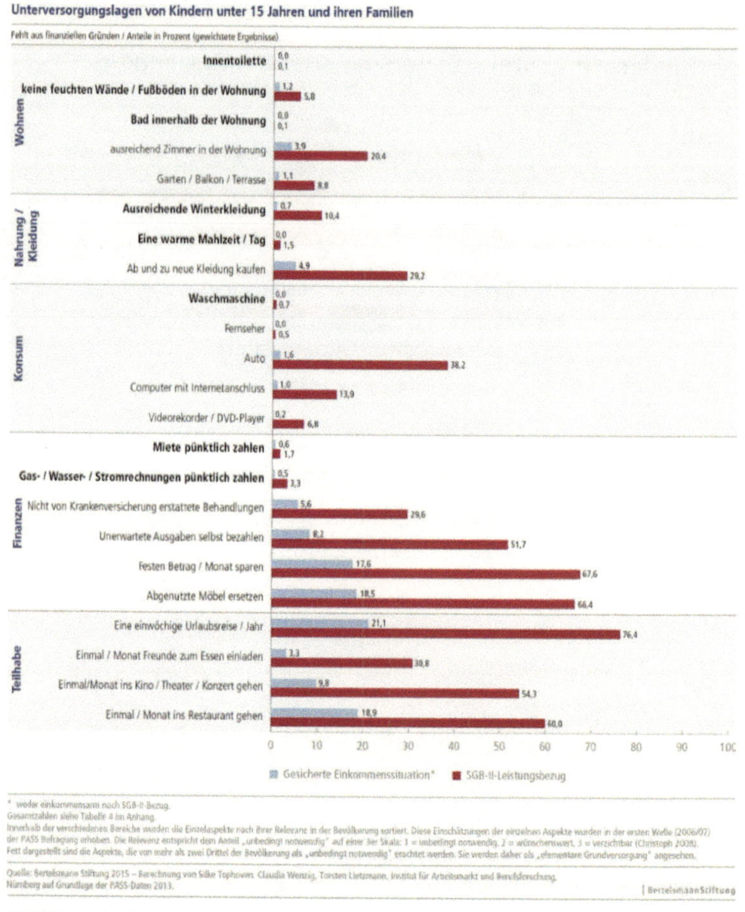

Abbildung 3: Unterversorgungslage von Kindern
Quelle: Bertelsmann-Stiftung 2015

„20 Prozent der Kinder im Grundsicherungsbezug leben aus finanziellen Gründen in beengten Wohnverhältnissen, was Beeinträchtigung in den Entwicklungsmöglichkeiten der Kinder bedeuten kann - gegenüber 3,9 Prozent der Kinder, die in gesicherten Einkommensverhältnissen aufwachsen (übrige). Drei von vier Kindern, deren Eltern SGB-II-Leistungen erhalten, können keinen Urlaub von mindestens einer Woche machen (Übrige: 21 Prozent), 14 Prozent leben in Haushalten ohne Internet (Übrige: 1 Prozent), 38 Prozent in Haushalten ohne Auto (Übrige: 1,6 Prozent) und knapp einem Drittel ist es aus finanziellen Gründen nicht möglich, wenigstens einmal im Monat Freunde zum Essen nach Hause einzuladen (Übrige: 3,3 Prozent). Bei jedem zehnten Kind mit SGB-II-Bezug besitzen nicht alle Haushaltsmitglieder ausreichende Winterkleidung (Übrige: 0,7 Prozent)." (Bertelsmann Stiftung 2015)

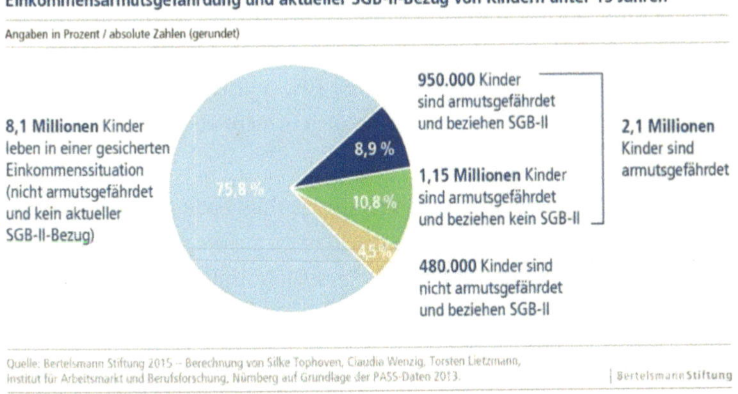

Abbildung 4: Einkommensarmutsgefährdung von Kindern
Quelle: Bertelsmann-Stiftung 2015

„Es gibt in Deutschland ein hohes Maß an verdeckter Armut, weil Familien trotz sehr geringem Einkommen kein Sozialgeld bekommen oder beantragen. Aber für fast eine halbe Million Kinder gelingt es dem Sozialstaat, sie über die Armutsschwelle zu heben." Jörg Dräger 2015, Mitglied des Vorstands der Bertelsmann Stiftung

2.5 Historische Konstanz der Zahlen von Kinderarmut

Kinderarmut ist kein neues Phänomen im reichen Deutschland. Verändert haben sich über Jahrzehnte die Wahrnehmung und das Bewusstsein für die Existenz und damit auch für die Dimension des Problems, letztlich auch durch Mahnungen und Forderungen von außen, wie der der UN-Kinderrechtskonvention.

Die Armutsforscherin Margherita Zander weist im folgenden Satz auf die Kontinuität der Sachlage hin: „Dabei hätte ein aufmerksamer Blick genügt, um festzustellen, das schon damals die Sozialhilfequoten von Kindern seit den 1970er Jahren kontinuierlich angestiegen waren und Kinder mittlerweile die zahlenmäßig am häufigsten betroffene Altersgruppe bilden." (Zander 2015: 13)

Diese Aussage macht die Konstanz beständig hoher Kinderarmutszahlen über fast 50 Jahre deutlich. Es gab zur damaligen Zeit weder eine Armutsforschung noch einen personenzentrierten Blick auf das Wohlergehen des individuellen Kindes. Kinderarmut war ein Teilaspekt familiärer Armut und die Kinder selbst galten als zusätzlicher Armut verursachender Faktor. Die politische und gesellschaftliche Grundhaltung damaliger Zeit spiegelt sich auch in Sichtweisen wie dieser nochmals von Zander zitierten wieder:

„Vertritt man die Auffassung, dass mit dem Sozialhilfebezug (1970er Jahre) Armut bekämpft sei, reduziert sich das Problem in der Tat auf die sogenannte „verschämte Armut", also auf diejenigen Menschen, die soziale Unterstützung und ihnen zustehende Rechte nicht einfordern." (ebd.: 27) Diese Auffassung gibt die allgemeine damalige Bewertung der Sachlage treffend wieder, wie sie auch heute noch in vielen Köpfen Bestand hat. Staatliche Transferleistungen sind so angelegt, dass sie den individuellen Bedarfsfall immer abdecken und daher das Problemfeld "Kinderarmut" statistisch nicht existiert, da ja kein Kind in absolute Armut rutscht.

2.6 Zusammenfassung

Zusammenfassend kann man feststellen, dass sich in Wahrnehmung und Achtung des Kindes seit den 1970er Jahren sehr viel getan hat. Dazu haben viele Akteure beigetragen: mediale Berichterstattungen, ethische Wertediskussionen, mahnende Appelle vieler auch namhafter Autoren, Veröffentlichungen regelmäßiger, immer weiter differenzierende Armutsberichte, vergleichende internationale Untersuchungen und Resolutionen von UN und UNICEF zum Thema, Etablierung der Forschung zur Kinderarmut, und ganz allgemein die gesellschaftlich-humanistische Weiterentwicklung.

An der fortlaufenden hohen Konstanz der Kinderarmutszahlen ändert es nichts. Auch kleine finanzielle Zugeständnisse in Form erhöhter staatlicher Transferleistungen führen nicht mal ansatzweise zu einer veränderten Problemlage.

Selbst Belege für Ursachen und Zusammenhänge, das neuerliche Aufzeigen von Leid und Folgen für die Betroffenen führen zu keiner gesellschaftlichen Initiative, die als Trendwende zu markieren wäre. Das Bild von Kinderarmut, wenn auch über die Jahre besser erforscht und medial viel schärfer, transparenter und öffentlicher gemacht, bleibt in seiner Auswirkung und Dimension konstant und erlebt keine verändernden Konsequenzen. Im Rahmen einer erweiterten Betrachtung des Themas wäre an dieser Stelle noch zu fragen und aufzuzeigen, wo genau liegt der Fortschritt, neben dem erweiterten Erkenntnisstand, wenn sich an den erschreckenden Zahlen in fünfzig Jahren nichts verändert hat?

3 Ursachen von Kinderarmut

Folgerichtig schließt sich hier ein Kapitel an, das die Frage nach den möglichen Ursachen für die beständig hohe Kinderarmut in Deutschland stellt. Armut ist ja immer auch ein gesellschaftlicher Exklusionsfaktor und nicht frei gewählt. Stellt sich also die Frage, in welches System wird der Mensch hineingeboren und mit welchen Chancen und Anforderungen kommt er dabei in Kontakt und was sorgt für Anschluss und Inklusion und was für Ausschluss? Was ist der gesellschaftliche Zusammenschluss bereit zu tun, um die schwächsten Mitglieder anschlussfähig zu halten? Und schließlich ist eine Fokussierung ökonomischer und sozialer Grundlagen auch die Basis für eine Bestimmung der Handlungsmöglichkeiten Sozialer Arbeit.

Darüber hinaus stellen sich ganz allgemeine Fragen nach Gerechtigkeit, Chancengleichheit und die Frage, wonach sich der Wert eines Menschen innerhalb seiner Gemeinschaft bemisst. Und auf das Thema der hiesigen Kinderarmut bezogen, was führt dazu, dass die hiesige Gesellschaft mit diesem Umstand akzeptiert leben kann?

3.1 Ökonomische Ursachen: Neoliberalismus und Globalisierung

Zwei Begriffe, die seit einigen Jahrzehnten für große Wirkung auf die Besitz-, Arbeits- und Lebensverhältnisse in Deutschland stehen und mit ihnen identifiziert werden.

Und nicht nur Wirtschaft und Gesellschaft in diesem Land werden durch sie mitbestimmt, sondern tatsächlich haben sie Auswirkungen globalen Ausmaßes und damit auf alle Menschen. Die zunehmende Dynamik und Einflussnahme globalisierter Wirtschaftskräfte und Mächte, einhergehend mit der fortschreitender Digitalisierung von Arbeits- und Gesellschaftsprozessen, sorgt für eine ungemeine Veränderung aller gesellschaftlichen Abläufe und nimmt Einfluss auf das gewöhnliche Leben eines jeden Einzelnen.

Menschen, die schon unter vorhergehenden Bedingungen von Lebens- und Arbeitsverhältnissen das Problem hatten, gesellschaftlichen und sozialen Anschluss zu halten, sind jetzt noch mehr gefordert und häufig überfordert. Es sind dann auch gerade die Bevölkerungsgruppen, die am stärksten von Armut betroffen sind, wie Langzeitarbeitslose, kinderreiche Familien, Alleinerziehende, Migranten und Flüchtlinge, die den fehlenden Anschluss fürchten müssen. Diese Gefährdung gesellschaftlicher Abkoppelung wirkt sich natürlich auch auf ihre schwächsten Glieder, ihre Kinder, aus.

Ein wichtiger Aspekt und ein Kennzeichen der Entwicklung sind die Auswirkungen auf die Sozialräume der Menschen. Profiteure und Gewinner der veränderten Lebens- und Arbeitswelt sorgen durch für sie steigende Löhne bzw. Einnahmen und Gewinne auch für höhere Mieten gerade in den Ballungsräumen und verdrängen hierbei im Zuge von Gentrifizierung alte, häufig arme bzw. sozial schwächere angestammte Bewohner eines Quartiers. „In der sozialwissenschaftlichen Fachwelt versteht man unter Gentrifizierung eine allmählich, durch Erneuerungsmaßnahmen und/oder Eigentümerwechsel entstehende Dominanz einkommensstarker Haushalte in attraktiven urbanen Wohnlagen zu Lasten von weniger verdienenden Bevölkerungsgruppen. Solche Prozesse verlaufen in ihrer Anfangsphase wie im Stadium ihrer Vollendung selten konfliktfrei." (Breckner 2010)

Die Armen werden verdrängt und die Auswirkungen ‚gettoisierter Wohnviertel', in denen vornehmlich Arme wohnen, tragen häufig zu einer weiteren gesellschaftlichen Ausgrenzung und der viel beklagten Spaltung der Gesellschaft bei. Betroffene Bewohner, die hier noch Veränderung in ihren Verhältnissen wollen, haben mit fehlender Akzeptanz, Ressentiments, Demotivation und mangelnder Unterstützung zu kämpfen.

Definitionen von Neoliberalismus und Globalisierung kommen ohne die Nennung von Folgen aus:

Neoliberalismus: „Denkrichtung des Liberalismus, die eine freiheitliche, marktwirtschaftliche Wirtschaftsordnung mit den entsprechenden Gestaltungsmerkmalen wie privates Eigentum an den Produktionsmitteln, freie Preisbildung, Wettbewerbs- und Gewerbefreiheit anstrebt, staatliche Eingriffe in die Wirtschaft jedoch nicht ganz ablehnt, sondern auf ein Minimum beschränken will."(bpb Lexikon der Wirtschaft 2016)

Globalisierung: "Bezeichnung für die zunehmende Entstehung weltweiter Märkte für Waren, Kapital und Dienstleistungen sowie die damit verbundene internationale Verflechtung der Volkswirtschaften." (bpb Lexikon der Wirtschaft 2016)

Der Armutsforscher Karl August Chassé formuliert die Auswirkungen der weltweiten Ökonomisierung auf Deutschland wie folgt: „Nach dem Zusammenbruch des Ostblocks 1989 und der Deutschen Vereinigung 1990 haben die weltweiten Globalisierungstendenzen auch im nationalen Rahmen Spuren hinterlassen, am deutlichsten in Ostdeutschland. Unter anderem durch Deregulierungen und die Flexibilisierung des Arbeitsmarktes ist es zu einer allgemeinen Labilisierung von Erwerbsbiografien und Lebensläufen gekommen." (Chassé 2010)

Kritiker des Neoliberalismus gehen davon aus, dass ein Zusammenhang besteht zwischen dem aktuellen politisch wirtschaftlichen System und dem wachsenden Auseinanderklaffen der Schere in sehr Reiche und sehr Arme in der bundesrepublikanischen Wirklichkeit. Wie genau Wirkmechanismen und steigende Akzeptanz für die Einflussnahme dieses ökonomischen Systems aussehen, kann hier nur vermutet und angedeutet werden, in der Regel entzieht sich den meisten Menschen dieses psychologische und manipulative Moment. Der Veränderungsprozess für den Einzelnen verläuft eher subtil und ist schwer auszumachen. Bekannte Leitsätze allerdings machen sehr wohl deutlich wie sehr sie unser Denken und Streben beeinflussen und für Akzeptanz und Verinnerlichung sorgen:

- „Leistungsträger müssen belohnt werden"

- „Geht`s der Wirtschaft gut, geht`s uns allen gut",

- „Wettbewerbsfähigkeit ist die Voraussetzung für unseren Wohlstand."

„In dem Maße, in dem die breite Bevölkerung neoliberale Phrasen und Glaubenssätze übernimmt, tragen wir alle zur neoliberalen Hegemonie" bei, sagt Felber (2008), ein bekannter österreichischer Kritiker dieser Entwicklung. Eine Mehrheit unterstützt, was einer Minderheit nützt.

Worin zeigen sich die Veränderungen und ihre Folgen aber genauer in und für die Lebens- und Arbeitswelt der Arbeitnehmer und ihrer Familien?

Die zunehmende Flexibilisierung der Arbeitsbedingungen hat erhebliche Folgen. Der Unsicherheitsfaktor für alle Niedriglohnempfänger steigt weiter, Beschäftigungsgarantien werden kaum noch gegeben. Dafür wachsen Forderungen nach erhöhter Mobilität und der Bereitschaft, auch mal flexibel einzuspringen bzw. auch Arbeitsbereiche abzudecken, für die eigentlich keine Qualifizierung oder vertragliche Vereinbarungen vorliegen. Das gilt heute eher als Regel und nicht mehr als Ausnahme. Um einen Eindruck in die Vielzahl und Dynamik der weitreichenden Veränderungen zu vermitteln, folgt hier eine kurze Auswahl und Aufzählung sich verändernder Bedingungen und Strukturen mit ihren Auswirkungen:

- die Zahl befristeter Verträge wächst stetig, Arbeitsplätze werden abgebaut oder ins Ausland ausgelagert, die Anzahl von 450 Euro Jobs steigt beständig, Zeitarbeitsfirmen boomen, Weiterbildung, Spezialisierung Arbeitsverdichtung und Mehrarbeit werden gefordert, ohne zusätzliche Aussichten auf Aufstieg und häufig ohne Lohnverbesserung, selbst der Erhalt des Arbeitsplatzes bleibt bei allen erwarteten und geforderten Zugeständnissen des Arbeitnehmers immer häufiger ein Unsicherheitsfaktor.

- Für Menschen unterer Einkommensgruppen ist es selbst bei Vollbeschäftigung auf Grund derart niedriger Löhne, auch der Mindestlohn hat daran nur wenig geändert, kaum noch möglich existenziell über die Runden zu kommen.[1] (s. Abb. 5)

- Selbst wenn in Familien beide Partner arbeiten, reicht es in den unteren Einkommenslagen oftmals kaum die regelmäßigen Bedarfe zu decken. Ein Millionenheer von Menschen sieht sich immer mehr Leistungsansprüchen ausgesetzt ohne Aussicht auf Besserung der Lebensverhältnisse. Und bedarf trotz voller Arbeitsleistung zusätzlicher staatlicher Unterstützung (vgl. BMAS 2017).

Abbildung 5: In Work Poverty
Quelle: http://www.armuts-und-reichtumsbericht.de/DE/Indikatoren/Armut/In-Work-Poverty/inwork-poverty.html

Hinweise zur Interpretation: Ausgewertet wird die Armutsrisikoquote von Erwerbstätigen differenziert nach Geschlecht, Alter und Beschäftigungsform (EVS und EU-SILC). Die Auswertung mit dem SOEP wird nach Geschlecht, Gebiet (Ost, West), Alter, Haushaltstyp, Erwerbsstatus, Wohnstatus, Migrationshintergrund sowie dem Nettoäquivalenzeinkommen in den jeweiligen Gruppen differenziert. In die Grafik fließen nicht alle Informationen des Indikators ein.

---

[1] Diesen Umstand bezeichnet man als „in-work-poverty".

Ein Artikel der „Zeit" von Rudzio greift am 23.03.2017 das Thema der weiter zunehmenden Flexibilisierung in der Arbeitswelt auf und macht deutlich, mit welchen Folgen für die Arbeitnehmer und letztlich auch die ganze Gesellschaft die konsequente und weltweite Verfolgung ökonomischer Interessen und des zunehmenden Wettbewerbs zu rechnen ist. Angesprochen wird in diesem Artikel die Einführung neuer „Flexverträge" bei H&M Deutschland, einem schwedischen Großhandelsriesen der als ein führender Vertreter einer weltweit agierenden Textilindustrie auftritt, und mit seiner Beschäftigungspolitik beispielhaft auch für viele andere Branchen steht (Handel, Gastronomie, Pflege, Medien, Kurierfahrten, Logistik, Post (mit Staatsbeteiligung),die sich mit Niedriglohnbeziehern konkurrenzfähig und flexibel halten. „Der Arbeitgeber (H&M) räumt bereits im Vertrag ein, dass die Vergütung entsprechend des Umfangs des Stundeneinsatzes variieren kann und somit gegebenenfalls nicht geeignet ist, eine stabile Einkommensgrundlage zu liefern" (ebd.)

Karl Brenke (Arbeitsmarktexperte beim DIW in ebd.): „Arbeit auf Abruf sei eine neue Beschäftigungsform (‚Der Bereich ist kaum erforscht'), die alle Vorteile beim Arbeitgeber bündele. Alle Nachteile dagegen lägen bei den Beschäftigten."

Nadine Absenger (forscht zum Thema bei der gewerkschaftsnahen Hans-Böckler-Stiftung): „Im Moment wird die Debatte um weitere Flexibilisierung ja vor allem von der Wirtschaftslobby dominiert, und diese hat wenig Interesse daran, dass das anders werden könnte."

Der deutsche Staat und seine politischen Vertreter stehen hier stark in der Kritik, der ‚neoliberalen Hegemonie' zu wenig entgegenzusetzen und den einstigen Sozialstaat immer mehr zu opfern auf dem Schlachtfeld globalisierter Märkte und ihre Wirkungsgesetze sogar selbst anzuwenden (siehe beispielsweise Einführung von Flexverträgen bei der deutschen Post, bei der der Deutsche Bund Anteilseigner ist).

Christoph Butterwegge (Armutsforscher 2004): „Wenn die heutige (Kinder-)Armut, primär eine Folge der Globalisierung bzw. der neoliberalen Modernisierung ist, kann sie nicht ohne ihr Pendant, d.h. den in wenigen Händen konzentrierten Reichtum, verstanden und allein durch eine integrale Beschäftigungs-, Bildungs-, Familien- und Sozialpolitik, die miteinander kompatible Maßnahmen zur Umverteilung von Arbeit, Einkommen und Vermögen einschließt, beseitigt werden. Durch separate bzw. isolierte Schritte, etwa höhere Transferleistungen an (sämtliche) Eltern, sind prekäre Lebenslagen zwar partiell zu verbessern, ihre Ursachen aber kaum zu beseitigen. Nötig ist vielmehr ein Paradigmenwechsel vom ‚schlanken' zu einem interventionsfähigen und -bereiten Wohlfahrtsstaat."

Hannelore Kraft (Politikerin, 2017 Ministerpräsidentin in NRW): Das Risiko der Kinderarmut sei in NRW am größten, „dann kann ich nur sagen, für die Kinder von heute reicht es nicht und für die Kinder von morgen und übermorgen wird es wieder nicht reichen". (in einer Wahlkampfrede ihrer Partei in Widerrede zu Angela Merkel vom Vortag zitiert aus der Welt vom 02.04.2017).

Wenn diese Aussage auch parteipolitisch motiviert daherkommt, sagt sie über alle Parteien hinweg etwas über die zu erwartende Zukunftsperspektive armer Kinder im bevölkerungsreichsten Bundesland und bestätigt gleichzeitig die Annahme, dass dem angesprochenen Problem von dieser Seite keine Priorität zukommt.

Das Thema Arbeit erörtere ich nun in einem kurzen historischen Kontext und in Form einer kleinen Zusammenfassung des vorher Gesagten. In Kapitel 3.2. wird dann u.a. Arbeit vom Istzustand in die Zukunft projiziert und dargelegt, in 3.3.1.geht es um die Auswirkungen von Arbeitslosigkeit und um Aufgabe und Wirkungsweise von Sozialstaat und eines kürzlich eingeführten Mindestlohns, sowie einer wachsenden Kluft in der Einkommenssituation zwischen arm und reich.

3.1.1 Auflösung des Normalarbeitsverhältnisses

Arbeit ist von zentraler Bedeutung, nicht nur als Wirtschaftsfaktor, sondern auch als persönlicher Wertschöpfungsfaktor des Einzelnen. Daher ist die breitenwirksame Veränderung in diesem gesellschaftlichen Bereich von größter Bedeutung für alle ihre Mitglieder und erfährt eine besondere Aufmerksamkeit, weil es letztlich um existenzielle Fragen für jeden Einzelnen und um den sozialen Frieden innerhalb dieser Gemeinschaft geht. Aus diesem Grunde wird das Thema hier breiter erörtert, außerdem zeigen sich so die aktuellen Ursachen für die hohe Kinderarmutsquote, das Konfliktpotenzial einer Gesellschaft und einer Wirtschaftsform, die in ihrer Ungleichverteilung von Einnahmen und Vermögen trotz zusätzlicher sozialstaatlicher Mehraufwendungen immer weiter auseinanderdriftet.

Bis vor wenigen Jahrzehnten war es gesellschaftlicher Standard, sich vom Ausbildungsverhältnis bis zur Rente in einem Beruf bzw. Berufsfeld und bei einem Arbeitgeber zu verdingen. Akademischer Grad und ständige Veränderungsprozesse waren nicht unabdingbar, um einen beruflichen Aufstieg zu gewähren. Wer davon zu dieser Zeit abwich, erschien, wenn er nicht gute Gründe für einen Wechsel hatte, als sprunghaft und wenig zuverlässig.

Das hat sich in den letzten Jahren grundlegend geändert. Heute gelten dieselben Eigenschaften als Qualifizierungsnachweis für Flexibilität und Vielseitigkeit und als starr und unbeweglich, wer versucht in althergebrachter Weise den einmal eingeübten Arbeitsweisen treu zu bleiben. Der neoliberale Wirtschaftsansatz und die zurzeit noch weiter zunehmende Globalisierung in Verbindung mit digitaler Kommunikation sorgen für eine ungeahnte Dynamisierung aller Kommunikations- und Wirtschaftsprozesse.

Traditionelle Strukturen erscheinen nicht mehr in der Lage adäquat auf diese weltweiten Bewegungen reagieren zu können. Deutschland als drittstärkste Exportnationen ist, wenn es dieses bleiben möchte, darauf angewiesen, schnell auf Veränderungen der Konkurrenz zu reagieren. Da in Deutschland meines Erachtens so etwas wie das Primat der Wirtschaft gilt, muss die gesellschaftliche Anpassung diesem Umstand Rechnung tragen, die Politik fungiert hier als der Weichensteller. Dabei verlaufen nicht alle ‚Anpassungsprozesse‘ linear, d.h.es gibt auch inhärente Widerstände gegen geforderte Veränderungen, die von Zeit zu Zeit überwunden werden müssen, um den Weg frei zu machen für noch mehr Flexibilisierung und weitere Anpassungen, um im Rahmen wirtschaftlicher Erwartungen agieren zu können. Die drastische Zunahme prekärer Arbeitsverhältnisse sei hier wiederholt erwähnt. Menschen werden immer mehr zu Arbeitsfaktoren, die justierbar bleiben müssen, um die weltweite Konkurrenz jederzeit auf Abstand halten zu können.

Ständige Verfügbarkeit wie das Erweitern des Arbeitsumfanges und die inhaltliche Bereichserweiterung gelten mittlerweile als die Norm. Als auffällig fehlten die Unternehmen, die noch einen großen Personalstand aufweisen und womöglich kaum Nach- und Zusatzqualifizierungen einfordern.

Ein jeder kennt die neuen Verhältnisse und sei es nur, dass er sie beim Einkauf beobachten kann: Weniger Personal, ständig wechselnd und zu einem niedrigen Steuersatz beschäftigt. Das schafft weder Existenzsicherheit, noch langfristige Perspektive bei einem Millionenheer von Arbeitnehmern. Gleichzeitig werden dieselben Menschen, die ständig im Bereich des Existenzminimums wirtschaften, aufgefordert, privat mehr für die unzureichende Rente vor zu sorgen und Krankenkassenleistungen zunehmend selbst zu finanzieren. Dass hier Lebensbedingungen, die der Wirtschaft dienen, auf Kosten sehr vieler Menschen geschaffen und politisch geduldet und zum Teil befördert werden, ist aktuell ein wesentlicher Faktor für die hohen Armutsquoten in diesem Land und geradezu skandalös in Anbetracht des sozialen Selbstverständnisses das in diesem Land gerne vor sich hergetragen wird.

3.2 Technologische Ursachen: Von der Dienstleistungs- zur Wissensgesellschaft

Zu den veränderten Lebensbedingungen gehören auch die Art und Weise, wie Arbeit schon heute und in besonderem Ausmaße zukünftig gedacht und verrichtet wird. Die Anzahl einfacher, auch ungelernter Tätigkeiten, ist nicht nur rückläufig. Sie werden im Zuge zunehmender Digitalisierung und Automatisierung (Arbeitswelt 4.0) aus den Arbeitsprozessen und vom Arbeitsmarkt verschwinden. Schlecht ausgebildet oder ungelernt im Berufsleben existenziell abgesichert bestehen zu wollen, wird zunehmend unmöglich. Bildung ist hier häufig das Schlüsselwort. Sie soll den Zugang zur freien Berufswahl und zur Vorbereitung auf den Arbeitsmarkt von morgen ermöglichen. Bildung und Wissen gelten daher als eine zentrale individuelle und gesellschaftliche Ressource im 21. Jahrhundert, letztendlich weil sie sich als erforderlich erweisen für die individuelle Selbstbestimmung in allen Lebensbereichen.

> „Auf individueller Ebene ist der Bedarf an Kompetenzen zur Bewältigung komplexer Anforderungen an die Lebensführung, auf gesellschaftlicher Ebene die Nachfrage nach analytischen und kommunikativen Kompetenzen stark gestiegen. Für das Gesellschaftsmitglied wird es zur Existenz- und Wohlfahrtssicherung immer wichtiger, nicht zu den Verlierern, sondern zu den Gewinnern im Prozess der Anhäufung von Bildungskapital zu gehören" (Hurrelmann & Quenzel 2010 in der Einleitung).

In die zunehmende Forderung nach gesamtgesellschaftlicher Mobilisierung hin zu mehr Bildung und Wissen, um Deutschland auch zukünftig wettbewerbsfähig zu halten, und den Einzelnen anschlussfähig zu machen, stellen sich auch neuerdings Fragen nach Bildungsgerechtigkeit und Bildungsverlierern und damit auch indirekt nach den Ursachen von Armut. Das war nicht immer so.

Vor Pisa und dem damit verbundenen Aufschrei angesichts der Bildungsvergleiche mit anderen ‚unbedeutenderen Ländern', und dem abgeschlagenen Ranking der Bundesrepublik 2001 scheint es eher unbedeutend gewesen zu sein, in welcher Verfassung das deutsche Bildungswesen sich befunden hat. Erst die genauere Auswertung der Misere macht deutlich, in welchem Maße das deutsche Bildungswesen nicht nur rückständig ist, sondern sich auch ungerecht im Sinne von Chancengleichheit und Ausgleichsförderung verhält.

„Jeder 4. deutsche Neuntklässler ist auf dem Stand eines Grundschülers. Und obendrein ist es (das Bildungssystem bis 2001) extrem unsozial. In Deutschland gewinnt, wer mit Mama Hausaufgaben macht und im Notfall teure Nachhilfestunden nehmen kann. Leistungen hängen nicht nur vom Grips ab, sondern auch von Papas Portemonnaie" (Agarwala in der Zeit vom 31.03.2017).

Das ändert sich grundlegend, indem man einen Wertewandel vollzieht und die kritischen Punkte der ‚Vernachlässigung' ganz nach oben auf die Agenda setzt; danach scheint es geradezu unmöglich, dem Bildungswesen die Benachteiligung einzelner Bevölkerungsgruppen weiterhin vorzuwerfen.

Die renommierte parteinahe Konrad Adenauer Stiftung lässt dazu in einer Auftragsstudie 2010 Folgendes verlauten:

„Dem Thema Bildungsgerechtigkeit wird in der öffentlichen Wahrnehmung eine große Bedeutung eingeräumt. Bildungspolitische Maßnahmen sollen sowohl Effizienz und Wachstumschancen erhöhen, als auch zu einer größeren Gerechtigkeit beitragen. Eine völlige Gleichheit im Bildungserfolg kann es nicht geben, genauso wenig wie in anderen Bereichen des Lebens. Einflussgrößen wie Intelligenz, individuelle Förderung durch die Eltern und Investitionsbereitschaft in Bildung sind derart vielschichtig, dass eine Ergebnisgleichheit kaum möglich erscheint. Bildungsexperten sind daher der Meinung, dass gute und gerechte Bildungspolitik sich in erster Linie an den Chancen orientiert (Liebig 2010). Der Begriff „Chancengerechtigkeit" wird in diesem Zusammenhang häufig als zentrales Gerechtigkeitskriterium genannt. Chancen lassen sich dabei aufgrund divergierender Prinzipien - zum Beispiel Bedürfnis, Leistung, Gleichheit oder Anspruch - verteilen." (Anger; Orth 2016: 9)

Die Gewährung von Chancengleichheit, Förderung und Frühförderung würde ein wichtiger Schritte sein weg von der reinen Konkurrenzgesellschaft, die millionenfach ‚Verlierer' schafft, hin zu einer Solidargemeinschaft, die auch versucht, ihre ‚Problemfälle' auf den Weg in die Zukunft mitzunehmen. Auch wenn im obigen Zitat die Ungleichheit neuerlich betont wird, gilt es grundsätzlich verstehen zu lernen, dass es nicht mehr nur darum gehen darf, die ‚Leistungsfähigsten' einer Gesellschaft zu unterstützen, sondern ganz wesentlich darum gehen muss, jedes einzelne Mitglied der Gesellschaft da zu fördern, wo seine Möglichkeiten und Befähigungen liegen. Das bedeutet, sich weg zu bewegen von einer reinen Selektion nach bestimmten Kriterien, die in der Folge zur bekannten Exklusion aus dem gesellschaftlichen Miteinander führen.

Bildungsarmut und Bildungsverlierer sind Etikettierungen, die es im Zuge einer weiteren Inklusionsbewegung der bundesdeutschen Bildungspolitik zunehmend immer weniger geben sollte. Wissensgesellschaft bedeutet ja nicht, dass es zukünftig, auch wenn der Entwicklungstrend in diese Richtung weist, ausschließlich Akademiker geben wird. Es muss auch in dieser Phase der gesellschaftlichen Entwicklung für einen Jeden einen Platz geben, der ihm im Rahmen seiner persönlichen Möglichkeiten und gesellschaftlicher Förderung zuteilwird.

Bildung ist über den Aspekt der beruflichen Förderung hinaus auch ein Aspekt der gesellschaftlichen Weiterentwicklung im Sinne eines kritischen Verständnisses dessen, was im gesellschaftlichen Miteinander vorgeht. Nur der, der versteht und weiß, ist auch in der Lage, seine und die Gemeinschaft betreffenden Belange kritisch zu hinterfragen und zum Allgemeinwohl und zur eigenen Existenzabsicherung beizutragen. Bildung kann also mehr sein als Job- und Aufstiegsgarant. Sie kann helfen, das eigene Leben bewusster mitzugestalten und somit auch präventiv wirken, zukünftige Armut und Kinderarmut zu vermeiden.

3.3 Der Sozialstaat als Kompensation der Folgen freier Märkte

> „Der Sozialstaat müsse sich … effizienter als bisher um die Gesellschaftsgruppen kümmern, die das größte Armutsrisiko besitzen und die Aktivierung von Langzeitarbeitslosen etwa mit Qualifizierungsmaßnahmen und anderen Instrumenten der aktiven Arbeitsmarktpolitik verbessern."

So die aktuelle Aussage des Wissenschaftlichen Beirates des Finanzministers (Schäuble) Februar 2017 und weiter:

> „Die geringe Einkommensmobilität über die Zeit hinweg verhindert in Deutschland eine Reduktion der Einkommensungleichheit."

Bedeutet: Wer einkommensschwach seine Berufstätigkeit hierzulande beginnt, hat wenig Aussicht auf nennenswerte Zuwächse und wer gut situiert startet, kann berechtigt auf genau diese förderliche Entwicklung setzen. Das Grundgesetz bezeichnet in Art.20 und Art.28 des Grundgesetzes (GG) den Staat als einen demokratischen und sozialen Bundes- und Rechtsstaat. Damit wird ausgedrückt, dass sich die Gesetzgebung in unserem Staat auch um soziale Gerechtigkeit und die soziale Sicherheit der Bürgerinnen und Bürger zu kümmern, also auch Sozialpolitik zu betreiben hat. Das hauptsächliche Ziel des modernen Sozialstaates ist es, Menschen in Notlagen zu helfen und diesen Notlagen, wenn möglich, aktiv vorzubeugen. Dessen Verwirklichung vollzieht sich in vielen einzelnen Politikfeldern und umfasst die eigentliche Sozialpolitik genauso wie die Steuerpolitik, die Arbeitsmarktpolitik oder die Bildungspolitik.

Das Leistungsspektrum des deutschen Sozialstaates lässt sich in drei Kategorien einteilen: die Fürsorgeleistungen, die Versorgungsleistungen und die Versicherungsleistungen. Das Fürsorgeprinzip umfasst sog. Transferleistungen für bedürftige Bürger, wie z.B. Wohngeld, Arbeitslosengeld II oder auch Sozialhilfe (vgl. Duden Wirtschaft 2016).

Zusammengefasst lässt sich schlussfolgern, wenn es die definierte Aufgabe des deutschen Sozialstaates ist, Armutsfolgen vorzubeugen und Menschen zu helfen, die von dieser Armutsgefährdung betroffen sind, dann kann meines Erachtens angesichts jährlich steigender Quoten und einer weiterem Ausbau von Flex-Arbeitsverhältnissen und Prekärbeschäftigungen nur von einem Versagen gesprochen werden. Positiv ausgedrückt zielten alle Bemühungen und Maßnahmen darauf, das neoliberalistische Treiben der Ökonomie abzufedern, indem man Reformen in allen oben beschriebenen Bereichen von der Steuerpolitik, über die Arbeitsmarkt bis hin zu Bildungsreformen in den letzten Jahren durchführte. Diese Bemühungen und Maßnahmen reichten jedoch nicht aus, die gesellschaftlich Schwächsten vor einer weiter zunehmenden Armutsgefährdung zu schützen. Selbst die zurzeit zuständige Arbeitsministerin Andrea Nahles sieht (angesichts des 5. Armuts- und Reichtumsberichts) das Versprechen der sozialen Marktwirtschaft gebrochen, dass sich Arbeit lohnt und der Aufstieg für alle möglich" sei (vgl. Siems 2017)

3.3.1 Arbeitslosigkeit, Mindestlohn und die Schere zwischen Arm und Reich

„In Deutschland werden unter der Bezeichnung ‚registrierte Arbeitslose' allgemein die Personen zusammengefasst, die bei der Bundesagentur für Arbeit nach dem Sozialgesetzbuch III bzw. einer Arbeitsgemeinschaft oder Optionskommune nach dem Sozialgesetzbuch II arbeitslos gemeldet sind. Die Bundesagentur für Arbeit definiert dabei Arbeitslosigkeit wie folgt: „Arbeitslos ist, wer keine Beschäftigung hat (weniger als 15 Wochenstunden), Arbeit sucht, dem Arbeitsmarkt zur Verfügung steht und bei einer Agentur für Arbeit oder einem Träger der Grundsicherung arbeitslos gemeldet ist. Nach dieser Definition sind nicht alle erwerbsfähigen Hilfebedürftigen als arbeitslos zu zählen." (Statista 2017). Eine Person ist somit nicht automatisch arbeitslos, nur weil sie nicht arbeitet.

Das Statistikportal weist für Februar 2017 2,74 Millionen Arbeitslose aus, davon gelten 942.000 Menschen als Langzeitarbeitslose. Die Bundesagentur für Arbeit weist ebenfalls für Februar 2017 Arbeitslose und andere - zusammengerechnet 3.762.000 Personen - aus, die von „Unterbeschäftigung" betroffen waren (dazu gehören eben auch Menschen, die kurzzeitig erkrankt sind, also betroffen sind von vorübergehender Arbeitsunfähigkeit, Weiterbilder, Personen im Bewerbungstraining, Ein-Euro-Jobber und solche, die von privaten Bildungsträgern betreut werden (vgl. Rudzio 2017b).

Insgesamt kann festgestellt werden, dass die Zahlen der ausgewiesenen Arbeitslosen seit einigen Jahren sinken und die Anzahl der Beschäftigten auf Rekordhoch liegen. „Im vierten Quartal wurden rund 43,7 Millionen Erwerbstätige mit Arbeitsort in Deutschland gezählt, wie das Statistische Bundesamt am Donnerstag in Wiesbaden bekanntgab. Das waren 267.000 oder 0,6 Prozent mehr als ein Jahr zuvor." (Statistisches Bundesamt zur Beschäftigtenzahl 2017). Die Zahlen von Armut und Kinderarmut aber steigen weiterhin. Wie passt das zusammen? In Deutschland leben etwa 4,6 Millionen Menschen, die Arbeitslosengeld II beziehen. Längst nicht alle von ihnen sind arbeitslos, doch das Geld, das diejenigen mit Arbeit verdienen, reicht nicht zum Leben. Vor allem Selbständige, Teilzeitangestellte und Mini-Jobber bekommen häufig auf das Existenzminimum aufstockend Hartz IV. Auch über 300.000 Vollzeitangestellte verdienen so wenig, dass sie sich und ihre Familie damit nicht ernähren können (vgl. Angaben City News Köln vom 31.01.2017).

Diese Zahlen machen neuerlich deutlich, wie sehr eine Vielzahl von arbeitenden Menschen immer weniger in der Lage ist aus dem erhaltenen Lohn die eigene Existenz und die ihrer Familien zu sichern. Der Staat bietet da, wo der Arbeitslohn nicht reicht, weil die Löhne zu gering oder das Stundenkontingent geleisteter Arbeit zu gering ausfallen um existenzsichernd zu sein, kompensatorisch Transferleistungen an. Auch die Einführung des Mindestlohns hat nur unwesentlich dazu beigetragen, die hohe Anzahl der ‚Aufstocker' zu verringern und lässt auch weiterhin - wenn auch nur geringfügige- Ausnahmen in der Anwendung zu.

> „Knapp 4 Millionen Menschen in Deutschland werden vom neuen gesetzlichen Mindestlohn profitieren. Er gilt seit dem 1. Januar 2015 bundesweit als Lohnuntergrenze von brutto 8,50 Euro pro Stunde." Und:„Die Mindestlohnkommission hatte am 28. Juni 2016 beschlossen, den gesetzlichen Mindestlohn ab 1. Januar 2017 auf 8,84 Euro festzusetzen. Die Mindestlohnanpassungsverordnung setzt diesen Beschluss um und macht ihn für alle Arbeitgeber und Arbeitnehmer verbindlich. Damit ist der gesetzliche Mindestlohn ab dem 1. Januar 2017 um 0,34 Euro angehoben worden." (Verein für soziales Leben e. V.)

Es wird sichtbar, dass die reinen Zahlen zurückgehender Arbeitslosigkeit nicht bedeuten, dass mehr Menschen eigenständig existenzsichernd leben können von den Einnahmen ihrer Arbeit. Auch der 2015 eingeführte Mindestlohn ist in seiner Höhe weit davon entfernt Menschen wirtschaftliche Unabhängigkeit zu ermöglichen.

Ein zusätzlicher Blick auf die Entwicklung der Reallöhne seit 1998-2012 zeigt, dass diese bei steigenden Ausgaben innerhalb von 14 Jahren konstant geblieben sind.

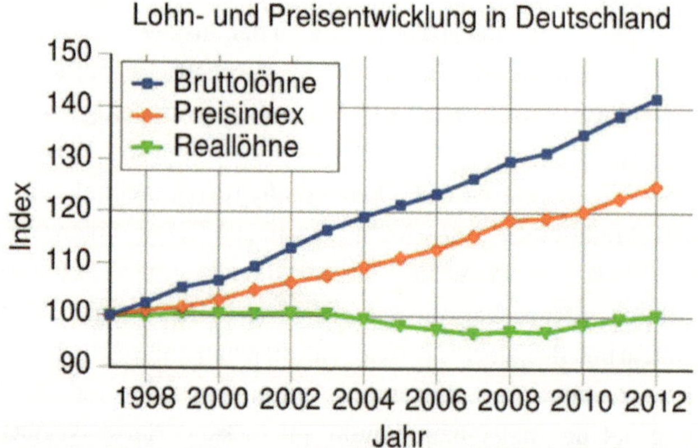

Abbildung 6: Lohn und Preisentwicklung in Deutschland
Quelle: https://www.destatis.de/DE/ZahlenFakten/GesamtwirtschaftUmwelt/Ver-
diensteArbeitskosten/RealloehneNettoverdienste/RealloehneNettoverdienste.html

Und einen weiterer Beleg für die Ungleichverteilung der erwirtschafteten Leistung in Deutschland zeigt die neueste Veröffentlichung des Kieler Instituts für Weltwirtschaft: „Nach deren Berechnungen steigen die Lohnkosten selbst im siebten Jahr des Aufschwungs noch langsamer als die Umsätze der Unternehmen - sprich: Die Lohnstückkosten (Löhne je Umsatz) sinken in der Tendenz immer noch und liegen heute sechs Prozent niedriger als 1991. Das heißt: Die Beschäftigten bekommen nach wie vor nur einen unterproportionalen Teil von dem, was erwirtschaftet wird." (Fricke 2017)

Gleichzeitig deutet sich hier ein Faktor an, wie es zu der sich öffnenden Schere zwischen arm und reich überhaupt kommen kann. Diese Interpretation ist natürlich strittig, wie alle Aussagen, die Ungleichheit und vor allen Dingen Ungerechtigkeit thematisieren.

Aus dem Armutsbericht des Paritätischen Wohlfahrtsverbandes 2017 geht hervor, dass es vor allen Dingen die Erwerbslosen und Alleinerziehenden sind, die den größten Anteil an der Armutsquote stellen:

„Die Erwerbslosen sind die mit 60 Prozent die größte Gruppe der armen Bevölkerung. Danach kommen die Alleinerziehenden mit 44 Prozent. Wer sich allein um seine Kinder kümmern muss, sei besonders benachteiligt, sagt die stellvertretende

Vorsitzende des Verbandes Alleinerziehender Erika Bien. Die wirtschaftlichen Nachteile, die durch die eingeschränkten Erwerbsmöglichkeiten wegen Kindererziehungszeiten entstünden, vom betreuenden Elternteil allein getragen werden." (Lueb 2017)

Der sechste Armutsbericht der Bundesrepublik steht 2017 zum Zeitpunkt der Abfassung dieser Arbeit noch aus. Die starke Pointierung des Armutsberichtes des Paritätischen Wohlfahrtsverbandes, der sich als Anwalt der Betroffenen versteht und ganz betont auf die steigende Armut und seine Ursachen hinweist, wird in der Berichtsfassung der Bundesregierung stark abgemildert oder neugedeutet erwartet. Erfahrungen aus der Vergangenheit geben hierzu berechtigten Anlass:

„Bundesregierung weist Vorwürfe zum Armutsbericht zurück: Die Bundesregierung hat aus dem Entwurf ihres Armutsberichts kritische Passagen zum Auseinanderdriften der Einkommen gestrichen. Die Linkspartei wittert Missbrauch." (Meisner 2012).

Im Kontext der Armutsentwicklung in Deutschland werden ermittelte Werte mehrdeutig dargestellt und wie ein Verschiebebahnhof genutzt. Diese Praxis macht deutlich, wie viel Interesse besteht, Ursachen, Wirkung und den Tatbestand von Armut auch und gerade von offizieller Seite der jeweiligen Bundesregierung, zu verleugnen bzw. schön zu reden. Bestehende Probleme hier zu verschleiern, umzudeuten oder für nichtig zu erklären bedeutet Betrug an denen, die auch sonst schon keine Lobby haben und bedingt auch noch zur eigenen Wählerschaft gehören.

Die mangelnde Bereitschaft sich den tatsächlichen wirtschaftlichen Bedingungen im Lande zu stellen, führt schon gar nicht dazu, sich den Ursachen für Armut ehrlich zu stellen, um gegenzusteuern. Was bleibt sind Kompensationen, die der Staat denen bietet, die ihre vielfältigen Probleme haben, dem flexibilisierten Wirtschaftsprozess zu folgen. Und wie ersichtlich wird, geht es hier mitnichten um eine Randgruppenproblematik, sondern um ein wachsendes Millionenheer von Armutsbetroffenen. Arbeitslosigkeit ist nach wie vor ganz wesentlich ein Faktor, der langfristig in die Armut führt. Die Einführung des Mindestlohns, so wichtig er auch ist (andere Länder in der EU waren da übrigens schon länger mit gutem Beispiel voran gegangen) ist nicht so entlastend in seiner Wirkung, weder für seine Bürger, noch die Sozialkassen wie vielfach erwartet wurde, denn die steigenden Lebenshaltungskosten sind proportional einfach zu hoch.

Der deutsche Sozialstaat muss ständig seinen Leistungskatalog an die neuesten Entwicklungen anpassen. Auch der Gesetzgeber achtet darauf, dass das Anspruchsniveau der Empfänger gewahrt bleibt. Die steigenden existenziellen Unterstützungsbedarfe und die fortlaufenden Veröffentlichungen und Thematisierungen von Armut setzen auch die Regierungen unter Druck darauf zu regieren.

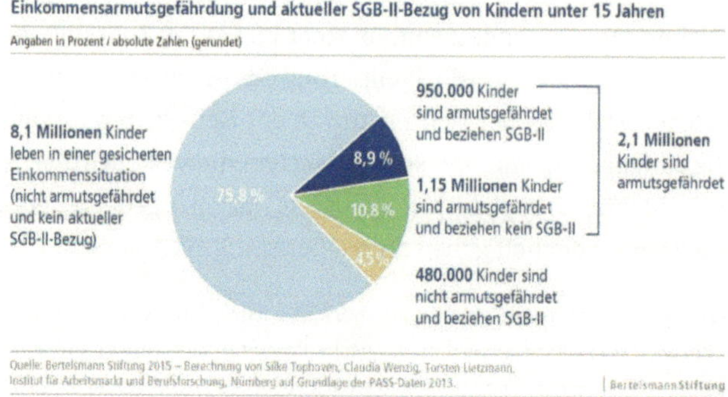

Abbildung 7: Einkommensarmutsgefährdung und aktuelle SGB II Bezug von Kindern unter 15 Jahren
Quelle: Bertelsmann-Stiftung 2015

Abb. 7 macht deutlich, dass Armutsgefährdung nicht zwangsläufig bedeutet, dass betroffene Kinder automatisch in den Leistungsbezug gehen.

3.4 Soziale Ursachen: Auflösung traditioneller Familienformen

Familienstrukturen haben sich in den letzten Jahrzehnten mehrdimensional verändert. Die Zahl der singulären Haushalte liegt örtlich schon mal bei mehr als 50 Prozent (siehe Großstädte wie Berlin und Hamburg). Die Lebensform als Single ist dabei nicht nur Ausdruck individualistischer und selbstbestimmter Lebensentscheidungen, sie zeigt auch das Auftreten vermehrter Kinderlosigkeit auf und verweist damit auf einen Wandel in der Wertstellung zu Kindern und Familie.

„Gegenwärtig (2006) zählt das Statistische Bundesamt auf Basis des Mikrozensus knapp 9 Millionen Familien in Deutschland. Darunter werden ganz allgemein Mehrpersonenhaushalte mit minderjährigen Kindern verstanden (Statistisches Bundesamt 2008: 33). Werden auch erwachsene Kinder im Haushalt berücksichtigt, so erhöht sich die Zahl der Familien auf etwa 12 Millionen (...) Damit ist nur knapp ein Drittel aller Haushalte in Deutschland als Familie anzusehen ... Traditionell umfasst die Familie ein verheiratetes Paar mit leiblichen Kindern, die gemeinsam in einem Haushalt wohnen. Dieses eingeschränkte Verständnis von Familie ist heute nicht mehr aufrecht zu erhalten. Eigentlich war dieses Familienbild nur für etwa drei Jahrzehnte, von 1950 bis 1980, zutreffend. ...

Insgesamt ist die Zahl der Familien in Deutschland im letzten Jahrzehnt um knapp 1 Million geschrumpft. Dies betrifft insbesondere die verheirateten Familienpaare (Ehepaare), deren Zahl um 1,6 Millionen zurückging. Demgegenüber ist die Zahl der allein Erziehenden um 400.000 (+18%) und die Zahl der Lebensgemeinschaften um 250.000 (+51%) gestiegen. Damit sind die so genannten alternativen Familienformen (allein Erziehende und Lebensgemeinschaften mit Kindern) auf ca. 25% aller Familien angestiegen. Etwa 75% aller Familien können demnach als „traditionelle" Familien (Ehepaare mit Kindern) gelten." (Klocke; Stadtmüller 2009: 8-9)

Viele Mütter und Väter, die jetzt ihre Kinder alleine erziehen, haben vorher in einem Familienverbund ihre Kinder erzogen. Die Ein-Eltern-Familie ist in empirisch nachweisbar einem sehr hohen Armutsrisiko ausgesetzt. „50 Prozent der Kinder Alleinerziehender erhalten keinen Unterhalt, 25 Prozent bekommen weniger als ihnen zusteht. Die Folge: Knapp eine Million Kinder Alleinerziehender in Deutschland leben von Hartz IV. Um die Situation dieser Kinder zu verbessern, müsste die Politik Regelungen für den Kindesunterhalt ändern. 2,3 Millionen Kinder in Deutschland wachsen in einer Ein-Eltern-Familie auf. Ihnen droht häufiger ein Leben in Armut als Gleichaltrigen, die mit beiden Elternteilen zusammen leben. 37,6 Prozent der Alleinerziehenden in Deutschland bezogen 2015 SGB-II-Leistungen, fünfmal so häufig wie Paarhaushalte mit Kindern. Das Armutsrisiko von Alleinerziehenden ist nach wie vor sehr hoch; in den vergangenen zehn Jahren hat sich ihre Situation sogar weiter verschlechtert: 42 Prozent bezogen 2014 ein Einkommen, das weniger als 60 Prozent des mittleren Einkommens entsprach. Das sind 6,6 Prozent mehr als 2005. Bei Paarfamilien ist das Armutsrisiko im selben Zeitraum um 11,7 Prozent gesunken. Das zeigt eine neue Studie der Bertelsmann Stiftung. Verfasst haben sie Professorin Anne Lenze (Hochschule Darmstadt) und Antje Funcke (Bertelsmann Stiftung)." (Bertelsmann-Stiftung 2016). Wie sehen Lebensbeispiele von unterstützungsbedürftigen Erziehungsberechtigten aktuell aus?

> „Rund 40 Prozent der Alleinerziehenden beziehen Hartz IV, das eigentlich Arbeitslosengeld II heißt. Das sind 625.000 Haushalte. In neun von zehn Fällen ist der alleinerziehende Elternteil die Frau. Mutter zu sein ohne Partner bedeutet in Deutschland meist eines: den Abstieg in die Armut." So formulierte es die Autorin Jana Gioia Baurmann in einer Ausgabe der Zeit im Jahre 2014 und führt weiter aus:

> "'Ein Drittel der sogenannten Familienernährerinnen verdient nur 900 Euro netto im Monat, weil viele Frauen im Einzelhandel und im Gastgewerbe arbeiten', sagt Mareike Richter, Projektleiterin beim DGB, und gerade in diesen Branchen arbeiten sehr viele der Alleinerziehenden.'"

Problemlage sind hier also das knappe Gut „Geld" und Abhängigkeiten, die den Arbeitszeiten geschuldet sind, da Alleinerziehende ihren Kindern den Vorrang geben müssen und oft nicht flexibel genug sein können, den geforderten Präsenszeiten des Arbeitgebers gerecht zu werden.

Wobei hier bedingt hilfreich sein kann, was in anderen Zusammenhängen als nachteilig empfunden wird, nämlich die Flexibilisierung von Arbeit und das ausgeweitete Angebot von Teilzeit- und Zeitarbeit. Darüber hinaus besteht seit 2015 ein Rechtsanspruch auf einen Kitaplatz für Kinder bis zum 3. Lebensjahr. Wird dies erfolgreich und passend umgesetzt, so kann dies zumindest für eine bestimmte Zielgruppe und Lebensphase eine enorme Entlastung bewirken.

In jedem Fall bedeutet es eine enorme Herausforderung für alle alleinerziehenden Betroffenen, selbst wenn die Voraussetzungen günstig sind, allen situativen Ansprüchen einigermaßen gerecht werden zu können. Der Lösungs- und Entlastungsvorschlag „Grundsicherung für Kinder wird hier aus berufenem Munde im oben zitierten Artikel ebenfalls erwähnt: „Dann muss eine Mutter nur noch für ihre eigene Existenz aufkommen." Verbände wie der Deutsche Kinderschutzbund fordern, dass alle Kinder bis zum Alter von 18 Jahren rund 500 Euro im Monat bekommen. Kinder von Eltern, die gut verdienen, bekämen entsprechend weniger. Die Grundsicherung würde bisherige Leistungen des Staates wie Kindergeld oder Sozialgeld ersetzen (vgl. Bertram, Soziologe an der Humboldt-Universität in Berlin, zitiert in Bauermann 2014)

Einen weiteren Aspekt in der Auflösung und Neuformierung gesellschaftlicher Beziehungsformen, möchte ich außerdem nicht unerwähnt lassen, weil auch der sich auf die Zahlen von Kinderarmut verstärkend auswirkt:

> „So hat sich in Deutschland beispielsweise der ‚Heiratsmarkt' im Laufe der Jahrzehnte gravierend verändert. Gab es früher die sprichwörtliche Verbindung zwischen Arzt und Krankenschwester, so heiratet man heutzutage im Regelfall innerhalb der gleichen sozialen Schicht. Akademiker wählen Akademikerinnen, während Schulabbrecher meist mit Frauen mit niedrigerer oder ohne Berufsausbildung zusammenleben. Haushaltseinkommen entwickeln sich auseinander. Verbunden mit dem Trend einer zunehmenden Erwerbstätigkeit von Frauen, erhöht diese Art der Partnerwahl

automatisch die Ungleichheit. Denn die einkommenssteigernde Wirkung hoher Bildungsabschlüsse hat einen größeren Effekt, wenn beide Partner erwerbstätig sind."
(Siems 2017)

3.5 Zusammenfassung

Meine Darlegung von Einflussfaktoren aus nationaler Ökonomie, global sich verändernden und operierenden Wirtschaftsprozessen, sich ebenfalls stark verändernden Anforderungsprozessen in den Bereichen von Lernen, Bildung, Arbeits- und Berufsfeldern, sowie in allen sozialen Bezugsfeldern macht deutlich, wie sehr der einzelne Mensch gefordert ist, sich in einer derart schnellen und sich stark verändernden Welt seinen Platz zu finden. Wichtig erscheint mir, dass diese schnellen und vielfältigen Auswirkungen der scheinbar übermächtigen und wie in einem Sog agierenden Wirtschaftsprozesse von einer starken staatlichen Gemeinschaft flankiert, gesteuert und begleitet werden. Die aufgezeigten Wirkmechanismen machen deutlich, wie sehr diejenigen, die technologischem Wandel und wirtschaftlicher Prosperität huldigen, Gefahr laufen den einzelnen Menschen aus dem Auge zu verlieren, statt ihn zentral in den Mittelpunkt zu stellen. Inwieweit dieses gewünscht und realisiert wird, zeigen die Ergebnisse und Auswirkungen der gezeigten Prozesse. Auch am Ende dieses Kapitels bleibt festzustellen, dass die Kinderarmutszahlen bei allen staatlichen Maßnahmen und Interventionen nicht geringer werden. Es gibt verschiedentlich Erfolge zu feiern, immer mehr Menschen erhalten Bildungschancen und können auf Arbeitsplätze bzw. Jobs verweisen, verbleiben aber letztlich immer in Bedarfsnähe der Aufstockung auf das Existenzminimum und somit in Abhängigkeit von staatlicher Alimentation.

4 Erkenntnisse der Forschung zu Kinderarmut

Kinderarmut als eigenständiger Forschungsbereich ist noch sehr jung.

> „Erst mit der Einführung einer altersgruppenspezifischen Armutsberichterstattung
> in den 90er Jahren, die Kinder als eine eigenständige soziale Gruppe in den Blick
> nahm, wurde das eigentliche Problem zuerst in seiner quantitativen Dimension und
> später allmählich auch in seiner vollen Brisanz erkannt." (Zander 2015:13)

Bis zu diesem Zeitpunkt waren Kinder in der Außenwahrnehmung nur Familienmitglieder, keine Individuen, die einer Einzelbetrachtung unterzogen wurden. Aufgrund dieser Sichtweise gab es folgerichtig auch keine Studien zu den Auswirkungen von familiären Armutslagen auf die Entwicklung und Sozialisierung von Kindern. Selbst nachdem das Forschungsgebiet an Relevanz gewann durch verschiedenste Teiluntersuchungen zum Thema Kinder und Armut gab es bis gegen Ende des vorherigen Jahrtausends in Deutschland keine Untersuchungen, die die eigene Sicht der Kinder auf ihre Situation würdigte. Und da war die UN Kinderrechtskonvention bereits 10 Jahre in Kraft. Heute ist Kinderarmut durch eine Vielzahl von quantitativen und auch qualitativen Studien mehrfach belegt und auch im öffentlichen Diskurs angekommen. Selbst von regierungsverantwortlicher Seite werden Untersuchungen ausgewiesen, die das Problem beim Namen nennen und beleghaft machen sollen, was zur Besserung unternommen wurde und wird, beispielsweise der Kinder-und Jugendbericht der Bundesregierung.

Es gibt seit den Anfängen der Forschung über Kinderleben in Armut ein gewachsenes Verständnis dafür, dass es sich bei den betroffenen Kindern in der Wahrnehmung um kleine eigene Persönlichkeiten geht, nicht nur um nachrangige Familienmitglieder, die materiell arm sind. Die Forschung zeigt über die letzten Jahrzehnte verstärkt auf, welch vielfältigen Mängel Kinder erfahren und erleiden und je nach Auswirkung eventuell lebenslänglich mit den Folgen zu tun haben werden. Diese veränderte Bewusstseinslage, der erweiterte Forschungsstand und auch die mediale Aufmerksamkeit und Sensibilisierung für das Thema, wie auch die Einführung einer Vielzahl von gegensteuernden Maßnahmen haben aber nach wie vor nicht dazu geführt, die reine Anzahl der Betroffenen zu verringern.

4.1 Kindliche Lebenslage

Was versteht man darunter und nach welchen Dimensionen wird unterschieden?

Nachdem man versteht, dass ein Kind als ein eigenständiges autonomes Individuum mit vielfältigsten Bedürfnissen zu sehen ist, wird auch die Bewertung der kindlichen Lebenslage ganzheitlich nach biologischer, psychologischer und nach sozialer Einbettung vorgenommen. Es wird nicht mehr nur geschaut, wie ist die finanzielle Ausstattung für das Kind, sondern man fragt jetzt auch, wie steht es um seine Versorgung, seine sozialen Kontakte, seine Bildung und seine Regeneration- und Partizipationsmöglichkeiten. Denn erst alle diese Faktoren zusammen betrachtet ergeben ein umfassenderes Bild der kindlichen Ausgangs- und Entwicklungsmöglichkeiten, seiner Perspektiven und Chancen für die Zukunft.

Den Kindheitsforschern Chassé, Zander und Rasch gebührt in diesem Zusammenhang der Verdienst für ihre diesbezüglichen Untersuchungen. Sie haben die wichtige Erkenntnis gewonnen, dass die Kinderwahrnehmung nicht mit der von Erwachsenen identisch ist: „Bei der Übertragung ist wichtig, dass alle Dimensionen von Lebenslagen, die für Erwachsene eine Rolle spielen, auch für Kinder eine eigenständige Bedeutung haben. Zu beachten ist, dass die verschiedenen Dimensionen aus der Wahrnehmung und der Perspektive der Kinder andere Ausprägungen haben und teilweise eine andere Gewichtung erfahren." (Chassé u.a. 2003: 51)

1997 startete die im deutschsprachigen Raum bisher einzige Langzeitstudie zur Frage von Armut(sfolgen) bei Kindern. 1999 wurden Daten zu rund 1.000 sechsjährigen Kindern aus bundesweit verteilten 60 AWO-Kindertagesstätten erhoben, danach wurden bis zum Jahr 2012 eine Vertiefungs- und zwei Wiederholungsbefragungen durchgeführt. Die Studie umfasst:

„Kinderarmut I" (Armut im Vorschulalter = Bericht 2000)

„Kinderarmut II" (Armut im frühen Grundschulalter = Bericht 2003)

„Kinderarmut III" (Armut bis zum Ende der Grundschulzeit = Bericht 2006)

„Kinderarmut IV" (Armut im Jugendalter = Bericht 2012) (Holz; Laubstein 2012)

Forschungsthemen waren dabei:

- Formen und Folgen von Armut bei Kindern
- Bewältigung der Armut durch Kinder und deren Familien
- Zukunftschancen der (armen)Kinder

Die AWO-ISS Studien, die zwischen 1997 und 2005 insgesamt 500 Kindern untersuchten, haben einen kindesbezogenen Lebenslagenansatz für ihre Untersuchungen gewählt und sich thematisch ganz bewusst dafür entschieden, darauf zu schauen, wie stark gerade die materielle Situation der Familie die kindliche Situation beeinflusst. Die Kinder waren bei der Erstuntersuchung 6 Jahre und bei der Zweituntersuchung 10 Jahre alt. Untersucht wurde in vier kindesbezogenen Lebenslagedimensionen (materielle Grundversorgung, gesundheitliche, kulturelle und soziale Lage) sowie den daraus abgeleiteten drei kindesbezogenen Lebenslagetypen (Aufwachsen im Wohlergehen, in Benachteiligung oder in multipler Deprivation) (vgl. Holz, Skoluda 2003). Diese Untersuchungen kindlicher Lebenslagen haben gezeigt, wie wichtig derartige Längs-und Querstudien sind ,um ein differenziertes Bild davon zu erhalten, wie stark Armut, aber auch Schutzfaktoren, wie familiärer Umgang, persönliche Resilienzfähigkeiten des Kindes wirken bzw. sich auswirken können. Kindliche Lebenslagen sind manchmal Momentaufnahmen, manchmal aber auch Hinweise auf sich eventuell verfestigende Situationen und Perspektiven, denen man als Erfahrungen aus derartigen Studien zukünftig auch ganz anders präventiv begegnen kann.

4.2 Der Child Well Being Index

Der Child Well Being Index misst multidimensional und im internationalen Vergleich die Lebensqualität von Kindern und Jugendlichen. Er basiert werteorientiert auf den von der UNICEF propagierten Kinderrechten. Dieses multidimensionale Konzept umfasst und vergleicht im Jahre 2006 folgende sechs Grunddimensionen kindlichen Wohlbefindens:

1. materielles Wohlbefinden,
2. Gesundheit und Sicherheit,
3. (Aus-)Bildung,
4. Beziehungen zu Familie und Gleichaltrigen,
5. Verhaltensrisiken (Risikoverhalten) sowie
6. subjektives Wohlbefinden der Kinder und Jugendlichen.

> „Von den 54 Indikator-Variablen, die aus theoretischen Gründen für relevant angesehen wurden, konnten aber nur 51 einbezogen werden, da für die drei in Klammern angeführten Indikator-Variablen (absolute Kindereinkommensarmut, Dauerhaftigkeit von Kinderarmut und Armut im Erleben der Kinder) keine Daten vorlagen." (Heekerens 2011)

Gemessen wird hierbei in den 25 EU Staaten. Als besonderes Qualitätsmerkmal hebt - auch UNICEF selbst - her, dass die Konzeption des Child Well Being Index unter Einbeziehung verschiedenster Fachleute aus unterschiedlichsten Professionen ständig weiterentwickelt und ausdifferenziert wird.

Für die Zukunft ist hier beispielsweise angedacht, nach ICD 10 (International Classification of Diseases) auch psychische und ganz allgemeine Verhaltensauffälligkeiten aufnehmen zu wollen. Verhaltensstörungen werden durch die ICD 10 klassifiziert. Die Klassifikation der Verhaltensstörungen umfassen nach Langner (2009):

1. „externalisierende Störungen wie Hyperaktivität, Aggression, Aufmerksamkeitsstörung, Negativismus, Tyrannei;

2. internalisierende Verhaltensstörungen wie Überängstlichkeit, Gehemmtheit, Depressivität, sozialer Rückzug, Minderwertigkeit, psychosomatische Störungen;

3. Entwicklungsverzögerungen wie Konzentrationsschwäche, altersunangemessenes Verhalten, Passivität, Lernschwierigkeit, Tagträumen und

4. sozialisierte Delinquenz wie Gewalttätigkeit, Reizbarkeit, Verantwortungslosigkeit, niedrige Hemmschwelle, Beziehungsstörungen, leichte Erregbarkeit und Frustration (...)“.

Besonders hervorzuheben ist an der Erstellung des Child Well Being Index, dass die Kinder und Jugendlichen selbst Gehör finden sollen. Außerdem gibt es die nicht formulierte Prämisse, solche Indikatoren als Maßeinheit aufzunehmen, die nicht nur international vergleichbar sind sondern auch im Bereich politischer Einflussnahme liegen. Das heißt der Hebel für mögliche Veränderungen wird in den Untersuchungen mitgedacht und zugewiesen.

Wie bereits die PISA Studien zeigen, setzen derartige vergleichbare Studien Länder unter Handlungsdruck. Gleichzeitig sorgen sie aber auch aufgrund der multidimensionalen Fächerung der Messung dafür, dass viele Indikatoren einfließen und auch Länder im Ranking vor reichen Ländern wie Deutschland stehen, die zwar ärmer, aber beispielsweise weitaus mehr familiäre Beziehung und andere gewichtige Komponenten betonen. Portugal und Spanien werden hierfür in Studien des Öfteren benannt. Heekerens (2011) weist dem Child Well Being Index Bedeutung folgende Bedeutung zu:

> „Für die Praxis der Sozialen Arbeit etwa hat dies zur Folge, dass sehr viel mehr, als
> dies beim Konzept der relativen Einkommensarmut oder jenem von Sozialhilfebezug
> der Fall ist, konkrete Ansatzpunkte für die Soziale Arbeit markiert werden. Für die

> Forschung führt das Konzept gegenüber früheren auf dem Feld der Armutsforschung etwa zu einer gewissen Vereinheitlichung. Die früheren Konzepte der Armutsmessung kann man auf vier verdichten: das Einkommens-, das Sozialhilfe-, das Unterversorgungs-/Lebenslage- und das Deprivationskonzept (...). Jedes dieser Konzepte hat verschiedene Eigenheiten und bei der empirischen Feststellung von Armut können diese vier Konzepte zu sehr unterschiedlichen, ja widersprüchlichen Resultaten führen."

Deutschland lag im Übrigen bei allen Messungen im mittleren Wertebereich, was gemessen an den monetären Möglichkeiten kein gutes Ergebnis war.

4.3 Benachteiligungen in kindlichen Lebenslagen

Als multiple Deprivation bezeichnet man es, wenn ein Kind in mehrerer Hinsicht benachteiligt ist und dadurch keine guten Entwicklungschancen hat. Konkret auf die vier Lebenslagedimensionen angewandt, spricht man von einer multiplen Deprivation bei Kindern, wenn sie in dreien der vier unten aufgeführten Dimensionen der Lebenslage Benachteiligung erfahren. Die multiple Deprivation als schwerste Form kindlicher Beeinträchtigung gilt neben einer Einordnung in zwei Kategorien:

- Wohlergehen (keine erkennbaren Mängel),
- einer Einordnung in Benachteiligung (maximal 2 Auffälligkeiten)

Als Risikofaktoren gelten

- Absolute Armut als auch relative Armut
- Arbeitslosigkeit der Eltern
- eine eigene Behinderung
- Bildungsarmut der Eltern
- Mutterlosigkeit
- sehr junge Eltern
- Vaterlosigkeit
- Drogenmissbrauch der Eltern
- psychische Krankheit der Eltern
- eine hohe Anzahl an Geschwistern
- Unterversorgung mit Wohnraum

So wird das Kindergesicht der Armut sichtbar:

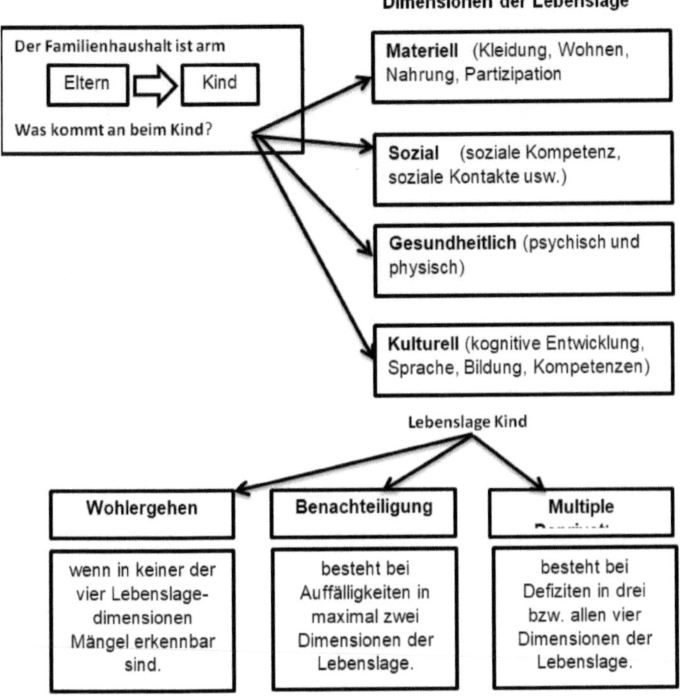

Abbildung 8: Lebenslagenkonzept kindlicher Armut
Quelle vgl. Hock, Holtz, Wüstendörfer 2000

- Materiell (Kleidung, Wohnen, Nahrung, Partizipation)

- Sozial (soziale Kompetenz, soziale Kontakte usw.

- Gesundheitlich (psychisch und physisch)

- Kulturell (kognitive Entwicklung, Sprache, Bildung, kulturelle Kompeten-zen)

Wenn Kinder hier mehr als 4 Risiken aufwiesen, so ergeben die Untersuchungen, ist die kindliche Entwicklung gefährdet und auch die Wahrscheinlichkeit einer Intelligenzminderleistung wächst. Im Ergebnis dieser Studie gibt es gerade bei armen Kindern einen deutlichen Nachweis multipler Deprivation (vgl. AWO-Armutsstudie 2008).

> „In der Betrachtung der Lebenslage von jüngeren Kindern und die Frage des Zusammenhanges zwischen (familiärer) Armut und der konkreten kindlichen Lebenslage sind vor allem aus zwei Gründen von großem Interesse: zum einen, weil frühzeitig erkannte Einschränkungen mit geringerem Aufwand aufgefangen werden können; zum anderen weil die in diesem Alter kaum vorhandenen (Problem-)Bewältigungsmöglichkeiten nicht nur den Eltern, sondern auch der Gesellschaft eine hohe Verantwortung für die Förderung der kindlichen Entwicklung aufgeben." (Holz 2005: 100)

Die Zuordnung „Multiple Deprivation" kennzeichnet also ein schwerwiegendes Entwicklungshindernis des Kindes und damit verbunden sind zukünftig zu erwartende Gefährdungen und Auswirkungen. Diese „Diagnose" und Lebenslage fordert also in einem besonderen Maße auf, den Unterstützungs-und Förderungsbedarf zu erkennen, ihn zu benennen und im gegebenen Rahmen Hilfe für Kind und Familie anzubieten. Von thematischer Bedeutung ist hier die gewonnene Erkenntnis, dass bei Feststellungen von multipler Deprivation diese mit dem Armutsfaktor korreliert.

4.4 Selbstwahrnehmung betroffener Kinder und Eltern

Es gibt leider nur sehr wenige wissenschaftlichen Untersuchungen und ausgewertete Interviews von Eltern und ihren Kindern zum Thema der Selbstwahrnehmung von Armut. Die von mir herangezogenen Publikationen betonen zudem die Schwierigkeiten in der Auswertung der Ergebnisse (keine Fragebogenvergleichsstudien). Sehr wichtig sind drei folgenden Publikationen, da sie Ergebnisse generieren, auf die ich mich in dieser Arbeit beziehe:

- „Kinderarmut erkennen, wirksam handeln" (Bundesvereinigung evangelischer Tageseinrichtungen 2006)

- „Meine Familie ist arm" (Chassé. Zander, Rasch 2003)

- „Kinder. Armut. Familie." (Andresen, Galic 2015; Bertelsmann Stiftung)

Diese Publikationen beziehen sich auf die befragten Kinder zwischen 7 und 10 Jahren, die aus unterschiedlichsten Familienkonstellationen kommen (alleinerziehend, Patchwork, keine Geschwister, viele Geschwister). Weitere Unterscheidungsmerkmale sind die Lebensräume Stadt/Land und der unterschiedliche Erhebungszeitpunkt. „Die Wahrnehmung eigener Armut und die Bedeutung von Geld aus Kindersicht" wurde in allen Studien unter Hinzuziehung weiterer empirischer Materials behandelt. So kommt eine Münsteraner Studie (vgl. Diakonie 2006) zu dem Ergebnis:

- Kein Münsteraner Kind hat seine Familie als „arm" bezeichnet.(Gefragt wird, wen sie als arm bezeichnen würden) Ergebnis: Arm sind die Anderen
- Die Eltern der befragten Kinder sind der Meinung, dass die Kinder „die materielle Notlage" nicht mitbekommen. Demgegenüber haben die meisten Kinder zu erkennen gegeben, dass sie um die Geldsorgen ihrer Eltern sehr wohl wüssten.

Eine Untersuchung in den „neuen Bundesländern" aus 2003 bringt zum Vorschein:

- Einige Kinder bezeichnen die eigene Familie als arm.
- Für andere sind es Kinder in anderen Teilen der Welt, die arm sind
- Übereinstimmend können die Kinder bejahen, dass es „Probleme mit Geld" gibt

Untersuchungen in Hagen, Neubrandenburg und Nürnberg (2015) zeigen:

- Die Kinder zeigen alle ein Bewusstsein hinsichtlich der Bedeutung von Geld
- Eine hier spielerisch angenommene zusätzliche Ressource an Geld macht deutlich, wie viel Bereitschaft bestünde, sowohl bei Kindern wie Eltern dem jeweilig anderen Familienmitglied etwas Schönes zu gönnen. Gleichzeitig wird auch hier klar, wie sehr die Kinder um die Bedeutung des Faktors Geld wissen.

Alle benannten Studien nähern sich den betroffenen Eltern und Kindern in ihrer von Armut bestimmten Lebenslage an, sie fragen persönlich. Es wird deutlich, wie sich die Situation für die Betroffenen darstellt, wie sie selbst erleben, einordnen und Strategien entwickeln damit umzugehen, auch und gerade im familiären Miteinander. Natürlich sind alle Studien letztlich nur Schlaglichter auf die jeweiligen individuellen Verhältnisse und zeigen nur eine sehr kleine Auswahl erfasster und befragter Menschen aus einem riesigen Pool Betroffener. Nichtsdestotrotz erheben sie einen gewissen Anspruch persönlich erlebte Lebenslagen repräsentativ in einen gesellschaftlichen Kontext von Kinderarmut zu stellen, was auch gelingt. Selbst die hier von mir sehr reduzierte Wiedergabe und Zusammenfassung macht bereits deutlich wie sehr die prekäre Lebenslage die befragten Kinder prägt. Armut ist kein Umstand, der unbedeutend an den Kindern vorbeigelebt werden kann. Die Untersuchungen zeigen alle, wie wichtig der Umgang der Eltern mit der gegebenen Situation ist und wie sehr sich dieses auf die bewertende Einschätzung ihrer Kinder auswirkt. Je positiver und kreativer die Eltern mit der Last der Umstände umgingen oder umgehen konnten, umso geringer ist der Negativeffekt für die Kinder.

4.5 Zusammenfassung

Die Erkenntnisse der Forschung zur Kinderarmut machen deutlich, wie sehr sich das Bild und die Wahrnehmung vom Kind in den letzten Jahrzehnten verändert und wandelt. Diese Forschungen zeigen, wo und wie gravierend die Auswirkungen und Ursachen von Kinderarmut sind, sie formulieren auf der Basis ihrer Ergebnisse auch entsprechende Forderungen an Gesellschaft und ihre Entscheidungsträger. Man möge sich darüber hinaus vorstellen, es gebe weder die UN-Charta noch den Child Well Being Index, die mit ihren Proklamationen so etwas wie das repräsentative humanistische Weltgewissen verkörpern, wenn es wie hier um die Einforderung von Menschenrechten für Kinder mit ihrem besonderen Schutzbedürfnis geht. Die AWO ISS Studie bietet endlich eine Langzeitstudie, die gemessen an der Dauerbeständigkeit des Problems überraschend einzigartig dasteht. Sie bietet heute eine empirische Basis für fundierte Aussagen zur Einschätzung des Problems. Gäbe es diese Studie nicht, wäre fast anzunehmen, dass für die betroffenen Kinder noch weniger passiert wäre. Und dabei ist es so wichtig, deutlich zu machen, was die Konsequenzen von Armut wirklich bedeuten. Die betroffenen Menschen verfügen weder über eine gesellschaftliche Lobby, noch gibt es organisierte Solidargemeinschaften, jeder scheint sich hier sehr alleine in einem privaten Kampf mit der Situation zu befinden. Auch und trotz einer breiten Front von Wohlfahrtsverbänden.

Die Forschung zur Kinderarmut macht sehr deutlich, dass Armut dauerhaft lebensprägend sein kann, wenn sie es auch nicht in jedem Fall sein muss. Sie zeigt dass das Feld der Betroffenen sehr viele Gesichter hat. Sie sind sehr unterschiedlich in ihrem persönlichen Umgang und in ihren Möglichkeiten, Rückgriff nehmen zu können auf Ressourcen, die helfen den kritischen Umstand von Armut zu kompensieren bzw. zu lindern. Dabei zeigt die Forschung vor allen Dingen, wie bedeutend der persönliche Kontakt zwischen Eltern/Erziehungsberechtigten und ihren Kindern ist. Welchen großen Unterschied es macht, wie emotional, vertraut und zugewandt diese Beziehungen gelebt und gestaltet werden. Je intensiver und persönlichkeitsstärkender ein Beziehungsband desto größer die Wahrscheinlichkeit, dass die Kinder auch mit diesem belastenden Lebensumstand lernen kreativ und konstruktiv umzugehen. Das Gegenteil die Vernachlässigung, die Nichtwahrnehmung des eigenen Kindes und seiner Nöte, führt mit einer gewissen Wahrscheinlichkeit zu entsprechenden Auffälligkeiten, die sich in unterschiedlichsten Ausprägungen auch lebenslang auswirken und bemerkbar machen können.

Die Kinderarmutsforschung macht einen gewichtigen und von der öffentlichen Wahrnehmung vernachlässigten Teil des Gesellschaftszustandes transparent. In einer Wechselwirkung mit den erwähnten Resolutionen der UN zur Einforderung von Kinderrechten trägt sie das Thema in die Gesellschaft und legt damit die Finger in eine Wunde, von der viele nicht wussten, dass diese überhaupt existiert. Wünschenswert und notwendig bleibt dieses Engagement auch für die Zukunft, gerade weil sich zeigt, wie viel weiterhin zu tun bleibt und wie wenig gesellschaftlicher Gleichklang erfolgt in der Wahrnehmung dieses Problemfeldes. Die Forschungen, Untersuchungen und ihre Auswertungen zeigen vielfach, was getan werden kann und muss, um die Lebensumstände betroffener Eltern und Kinder noch weiter zu verbessern. Politik und Gesellschaft betrachten das Problem oft nicht in seinen direkten Zusammenhängen und so bleibt Handlungsbedarf häufig unsichtbar und der betrachtete Umstand besteht unverändert fort.

5 Soziale Arbeit

5.1 Handlungsmöglichkeiten „Sozialer Arbeit" mit dem Fokus einer Herstellung von Chancengleichheit.

Die Suche einer Antwort auf die Frage nach Handlungsmöglichkeiten Sozialer Arbeit leite ich ein mit einem Beitrag von Margherita Zander zur Geschichte und Bedeutung „Sozialer Arbeit" im Kontext von Armut. Auf dieser Basis lege ich im folgenden Kapitel die Sichtweise dar auf die Adressaten, deren Selbstbestimmung und die Aufgabenstellung Sozialer Arbeit aus Sicht mehrerer namhafter Vertreter der Zunft. Mir erscheint es an dieser Stelle außerordentlich wichtig, Soziale Arbeit im Kontext ihres inneren Selbstverständnisses und damit als Akteur in Erscheinung treten zu lassen, um zu verdeutlichen, wo und wie sieht sich die Profession als anwaltlicher Beistand der von Armut Betroffenen. In den nachfolgenden Unterpunkten wird abschließend anhand der Fragestellungen auf Positionen und Wirkmechanismen Sozialer Arbeit konkret eingegangen.

5.2 „Laut werden gegen Kinderarmut"

So lautet der Buchtitel einer Publikation über Kinderarmut aus dem Jahre 2015, geschrieben von der Armutsforscherin Margherita Zander, mit dem Zusatz: „leise für Resilienz".

„Laut werden gegen Kinderarmut" - eine Proklamation, die so auch für eine Haltung und ein gewisses Selbstverständnis in der Sozialen Arbeit steht und ihr kritisches Verhältnis zur Sozialpolitik formuliert. Um dieses Statement genauer einordnen zu können, möchte ich kurz auf Profession, Geschichte, Anliegen und das Wesen von „Sozialer Arbeit" und ihrer Positionskonflikte eingehen. Dabei gilt es, die ihr gesellschaftlich zugedachte Rolle und das eigene Professionsverständnis zu reflektieren und zu beleuchten, soweit das im Rahmen dieser Arbeit möglich ist. Soziale Arbeit hat sich letztendlich aus dem Tätigkeitsfeld der Armutsfürsorge zur heutigen Profession entwickelt. Sie ist also ganz klassisch der Berufsstand, der die Armutsklientel vertritt und betreut. In der weiter oben ausgeführten Problemerörterung zur Kinderarmut ist deutlich geworden, dass das Problem von Armut kein neues ist. Ihre heutige Form und Entwicklung (siehe auch Neue Armut) im Zuge der zunehmenden Ökonomisierung von Arbeits- und Lebenswelt und einem veränderten sozialstaatlichen Handeln, aber schon. Die Betreuung und Unterstützung einer klassischen Schicht- und Armutsklientel ist heute nur noch ein Teilaspekt Sozialer Arbeit. Wir haben gesehen, dass ganz neue Zielgruppen und mit zunehmender Erkenntnistiefe und -breite auch andere Unterstützerbedarfe entstanden und weiter entwickelt wurden und werden. Auf derart gewandelte gesellschaftliche Bedingungen hat die Profession der Sozialen Arbeit sich immer wieder einzustellen, wenn sie denn zeitgemäß und weiterhin anwaltlich für die Menschen eintreten will, die im Zuge von Entwicklungen hilfsbedürftig werden.

Das heißt, Soziale Arbeit und ihre Vertreter müssen sich am „Puls der Zeit" bewegen, wenn sie nicht Gefahr laufen wollen in Verkennung veränderter gesellschaftlicher Bedingungen, veränderter Menschenbilder und veränderter Akteure mit Maßnahmen von gestern auf aktuelle Bedürfnislagen zu reagieren. Zum professionellen Rollenverständnis sollte meines Erachtens gehören, eine Aus-einandersetzung darüber zu führen, welche Art von Hilfeleistung der Profession obliegt und welche nicht und damit auch eine Haltung zu formulieren, die einer Fremdbestimmung entgegensteht. Was der Sozialstaat nicht bereit ist an Unterstützung in welcher Form auch immer an seinen bedürftigen Mitgliedern zu leisten, darf nicht kompensatorisch alleine der Sozialen Arbeit aufgebürdet werden. „Gerade heute erweist es sich für die Politik als effektive Strategie, die politische Verantwortung abzuschieben, indem sie dem Individuum die Schuld für seine Lage zuschreibt und ihm entsprechend die Bewältigung zuweist." (Zander 2015: 143)

In Reflexion verschiedenster Texte zu den Handlungsmöglichkeiten Sozialer Arbeit, habe ich die folgenden beiden Thesen entwickelt, die mir als Basics eines professionellen Selbstverständnisses erscheinen, wenn und sowie man im Berufsfeld mit Armut konfrontiert ist.

- Staatliches Handeln oder Unterlassen darf nicht zur Zweckentfremdung der eigenen Kompetenzen führen. Die Professionsvertreter sollten also auch ein politisches und gesellschaftskritisches Bewusstsein entwickeln bezüglich der eigenen Rolle auch in kritischer Abgrenzung zu einer jederzeitigen staatlichen Verfügbarkeit.

- Die klassischen „Vertreter" der Armen (im Sinne einer anwaltlichen Vertretung oder in Form von Lobbyarbeit) sollten auch weiterhin diejenigen sein, die sich für die Betroffenen einsetzen, die der Hilfe und Unterstützung bedürfen und der zunehmenden Gefahr ausgesetzt sind, sich im gesellschaftlichen „Aus" wiederzufinden.

Was auch bedeuten kann und sollte, anwaltlich nicht nur die Klientel zu vertreten, sondern auch auf Umstände, strukturelle Gegebenheiten und Entwicklungen aufmerksam zu machen und einzuwirken, die ursächlich dazu beigetragen und überhaupt erst ermöglicht haben. Die Profession der Sozialen Arbeit muss eigene Positionen und Standpunkte diskutieren und entwickeln, um mit eigenen Konzepten und Vorschlägen der Eigendynamik wirtschaftlicher Handlungsweisen und einer möglichen Instrumentalisierung etwas entgegen zu setzen. Um im Themenbezug zu bleiben: Die so verstandene Anwaltschaft Sozialer Arbeit und ihre berufliche und menschliche Nähe zu den von Armut betroffenen Eltern und ihren Kindern gebietet es, als deren Fürsprecher kritisch die Stimme zu erheben, wenn Sozialpolitik Armut eigentlich nur noch verwaltet und die Bearbeitung ihrer Folgen delegiert, statt selbst direktiv und präventiv und ursächlich zu handeln.

Lothar Böhnisch (1994) sieht das Grundproblem darin, dass der Modernisierungsprozess nicht mehr sozialstaatlich moderiert wird, sondern ausschließlich ökonomisch bedingt sei. Damit liege die Definitions-und Steuerungsmacht für soziale Integration nicht mehr beim Sozialstaat. Armut sei daher sozialstaatlich nicht mehr kalkulierbar (vgl. Zander 2015: 155). Wer aber sonst, wenn nicht die Vertreter der Sozialen Arbeit können diese immer größer werdende Aufgabe in dieser Weise und Repräsentanz für die Betroffenen übernehmen?

Dazu kann auch gehören, sich mal als ihr Vertreter öffentlich und medial zu äußern. Als Zuhörer habe ich dieses Mitte Mai 2017 im Rathaus Hamburg bei einer öffentlichen Anhörung zur „Kinderarmut in Hamburg" selbst erleben können. Organisiert und moderiert ist die Veranstaltung von der Linkspartei Hamburg. Es geht neben einer sehr breiten Vermittlung vielfältiger Bereiche und Beiträge Sozialer Arbeit und der Darstellung eigener Arbeitsinhalte in der kommunalen Kinder- und Jugendarbeit, auch ganz konkret um die Wiedergabe der Lebenslagen von armen Kindern im eigenen Betreuungsfeld. Geladen und berichtet haben 25 Vertreter von Einrichtungen, Verbänden und Organisationen zur Kinderarmut in Hamburg unter dem Titel: „Berichte und Kritik, gelingende Praxis, Forderungen und Verbesserungen". Das hier gehörte „Laut gegen Kinderarmut" war deutlich zu vernehmen. Die Vielzahl unterschiedlicher Ansätze und Positionen und laufenden Diskurse, die im Umfeld von Vertretern, Mitstreitern und Kritikern Sozialer Arbeit zu ihrer Rolle und Standortbestimmung stattfanden, kann an dieser Stelle weder wiedergegeben, noch im Einzelnen erörtert werden. Wichtig erscheint mir, gerade im Kontext einer solchen Großveranstaltung, die grundsätzliche Bereitschaft einander zuzuhören, voneinander zu lernen, die enorme und kreative Vielfalt von Ideen und ihren Umsetzungen und das damit das große und vielfältige Potenzial Sozialer Arbeit zu erkennen und diesen inhärenten Reichtum als gemeinsam und identitätsstiftend zu begreifen und in einer Form der Vernetzung auch zu nutzen. Wenn es um die ‚ureigenen' Themen Sozialer Arbeit, wie hier um die latent hohe Kinderarmutsrate im reichen Hamburg geht, kann es schon mal wichtiger sein, Missstände gemeinsam und solidarisch anzuprangern und Bedarfe anzumelden anstatt primär und ausschließlich die Weiterfinanzierung und Legitimation eigener Projekte im Fokus zu haben.

So wie das berufliche Rollenverständnis für das eigene Engagement und Handeln von hoher Bedeutung ist, so gilt dieses gleichermaßen für den Blick und die Bewertung, den Soziale Arbeit auf unser Gegenüber und damit den Adressaten unserer Dienstleistung wirft. Wie wird dieser gesehen und was bedeutet dies für die Art der angebotenen Dienstleistung bzw. für die Stellung „Sozialer Arbeit" im System? Dabei ist es wichtig darauf hinzuweisen, dass das Handeln „Sozialer Arbeit" immer auch in Abhängigkeit von Sozialpolitik, ihrer Zuweisung und der von ihr gesetzten rechtlichen und finanziellen Rahmen stattfindet. Ich möchte hier eine Auswahl von wissenschaftlichen Vertretern zur ihrer Wahrnehmung einer beruflicher Identität Sozialer Arbeit, und dem zugehörigen Rollenverständnis zu Wort kommen lassen (im Folgenden zitiert aus Zander 2015):

- „Es gelte nicht, das zuvor ausgegrenzte Individuum zu reintegrieren, sondern den grundsätzlich exkludierenden Charakter gesellschaftlicher Strukturen zu verändern." An anderer Stelle wird präzisiert: „An die Stelle der traditionell fremdbestimmten Fürsorge trete eine Arbeitsweise, die sich als Assistenz verstehe und die Selbstbestimmung der Adressatinnen und Adressaten achte". (Gerull 2011 in ebd.: 136)

- Nach Vorstellung von Ronald Lutz „hat Soziale Arbeit nur ein einziges Mandat" zu erfüllen, nämlich „Menschen bei der Aktivierung ihrer Kräfte zu unterstützen, die zeitweise oder auch auf Dauer nicht ohne Hilfe in der Lage sind, sich in ihrer Umwelt einzurichten, ihren Verpflichtungen nachzukommen, sich in ihren Wünschen zu verwirklichen und dabei Sinn, Identität, Stolz, Würde und Wohlbefinden zu finden und zu erfahren (Lutz 2011 in ebd.: 136)

- Biermann sagt, das Lebenslagenkonzept mache mit seinen sachlichen und zeitlichen Generalisierungen „aus den Adressaten Sozialer Arbeit Klienten im Sinne einer generellen Abhängigkeit vom Hilfesystem......und leistet gewollt oder ungewollt, seinen Beitrag zum Aufbau der Identität des „Armen'" (Biermann 1996, in ebd.: 31)

- Sauerwald (1996) „Soziale Arbeit trage dann durch ihre als Helfen konzipiertes berufliches Handeln paradoxerweise dazu bei, diejenigen zu Armen zu stempeln, denen sie eigentlich helfen wolle."(Sauerwald 1996, ebd. 149)

- Bommes und Scherr (1996) sehen „Soziale Arbeit als sozialstaatliche „Zweitsicherung", der die Aufgabe zufalle, Exklusions-und Inklusionsprobleme zu bearbeiten, die durch andere gesellschaftliche Funktionssysteme (Instanzen des politischen Systems) keine Beachtung finden." (Bommes, Scherr in ebd.: 108)

- Ansen formuliert 1998: „Soziale Arbeit habe den Auftrag, darauf hinzuwirken, dass ungleiche Lebenslagen und Startbedingungen soweit wie möglich ausgeglichen und dabei ausgrenzende oder abhängigkeitserzeugende Hilfen vermieden werden." (ebd.: 152)

In der Zusammenschau dieser teilweise sich auch widersprechenden Aussagen wird deutlich, wie wichtig es für die Profession der Sozialen Arbeit ist, das eigene Selbstverständnis und Menschenbild zu reflektieren, sich damit und darüber auseinanderzusetzen und sich klar zu positionieren, denn das bestimmt den Einfluss, Charakter und die Qualität der angebotenen Hilfeleistung. Außerdem entscheidet die eigene Haltung über Respekt, Würdigung und Wahrnehmung des Gegenübers und kann helfen die Ursachen für Missstände klarer zu erkennen.

5.3 UN Kinderrechtskonvention: Von der Wohlfahrt zum Recht des Kindes

Am 20. November 1989 wird die UN-Kinderrechtskonvention (UN-KRK) unterschrieben, am 5. April 1992 tritt sie in Deutschland in Kraft mit verschiedenen Vorbehalten. Im Jahr 2010 nimmt die Bundesregierung ihre Vorbehalte zurück und ratifizierte die UN-Kinderrechtskonvention damit uneingeschränkt. Vorausgegangen sind starke und langjährige Kritik, unter anderem vom UN-Ausschuss für die Rechte des Kindes. In den 54 Artikeln der UN-Kinderrechtskonvention, die so etwas wie ein „Grundgesetz für die Kinder dieser Welt" (wie es der Pädagoge und Kinderarzt Janusz Korczak vor über 100 Jahren ersehnte) darstellt, werden Kindern umfassende Schutz-, Förder- und Beteiligungsrechte zuerkannt.

Maywald, der sich dem Thema Kinderarmut aus kinderrechtlicher Perspektive widmet, sagt, man könne sich „die UN Kinderrechtskonvention als ein Gebäude vorstellen, das auf den drei Säulen Schutz, Förderung und Beteiligung ruht und im Dach von dem in Artikel 3 niedergelegten Vorrang des Kindeswohls gekrönt wird" (Maywald 2008: 40)

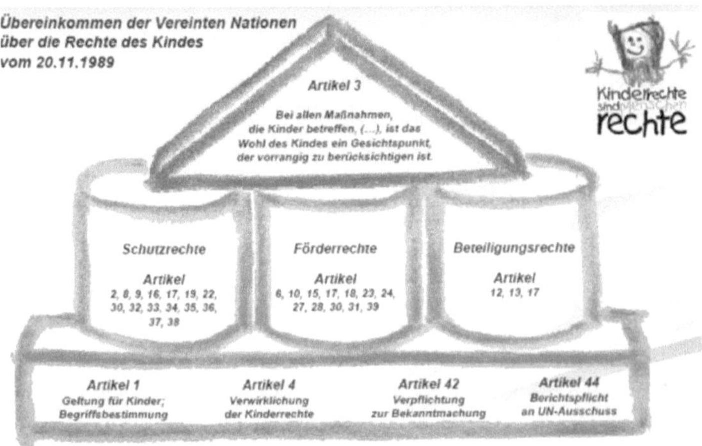

Abbildung 9: Die UN Kinderrechtskonvention
Quelle: Maywald, Jörg 2008: Armut von Kindern - Anmerkungen aus kinderrechtlicher Sicht; Dokumentation des 11. Berliner Diskurses zur Jugendhilfe 2008; Deutsches Institut für Urbanistik GmbH, Berlin; Arbeitsgruppe Fachtagungen Jugendhilfe, S. 40

Um mich im Weiteren auf den Zusammenhang von Kinderrechten und Kinderarmut zu fokussieren, möchte ich an dieser Stelle ausschließlich auf die hierfür wichtigen Rechtsformulierungen abstellen. In Art. 27 Abs. 1 UN-KRK heißt es hierzu: „Die Vertragsstaaten erkennen das Recht jedes Kindes auf einen seiner körperlichen, geistigen, seelischen, sittlichen und sozialen Entwicklung angemessenen Lebensstandard an".Um der Pflicht zur Verwirklichung der Kinderrechte auch nachzukommen, heißt es in Art. 4 UN-KRK dazu:

„Die Vertragsstaaten treffen alle geeigneten Gesetzgebungs-, Verwaltungs- und sonstigen Maßnahmen zur Verwirklichung der in diesem Übereinkommen anerkannten Rechte. Hinsichtlich der wirtschaftlichen, sozialen und kulturellen Rechtetreffen die Vertragsstaaten derartige Maßnahmen unter Ausschöpfung ihrer verfügbaren Mittel und erforderlichenfalls im Rahmen der internationalen Zusammenarbeit" (Maywald 2008: 36).

Auch Deutschland hat diese Rechtsnormen ratifiziert und steht seither in der Kritik, seinen hiermit zugesagten Verpflichtungen im Falle von Kinderarmut nicht nachzukommen. Klärungsbedarf und Kritik entzünden sich in den Forderungen „nach einem angemessenen Lebensstandard" und unter „Ausschöpfung ihrer verfügbaren Mittel" (vgl. ebd.) Hier stellt sich also erneut die Frage, tut Deutschland genug, um Kinderarmut zu vermeiden, bzw. zu bekämpfen?

In der Wahrnehmung von Kinderrechten und ihrer gesellschaftlichen Einordnung gilt es überdies auch das Beziehungsumfeld nicht aus dem Blick zu verlieren und eine angemessene Verhältnismäßigkeit aller Rechtsträger zu berücksichtigen:

> "Es gilt daher eine zweifache Perspektive einzunehmen: die Perspektive der Kinder neben derjenigen von Erwachsenden, die mit Kindern leben und für sie Sorge tragen." (Zander 2015: 17)

Im Kinder- und Jugendhilfegesetz der Bundesrepublik Deutschland hat das Kindeswohl bislang nicht denselben Vorrang, wie ihn die UN Konvention fordert. Empfänger von Leistungen sind in erster Linie hilfebedürftige Erziehungsberechtigte und nicht in allen Fällen die Kinder selbst. Dies sind die Umstände, die international Kritik hervorrufen und die die Dynamik andeuten, die ausgelöst würde, wenn die Kinderrechte im Grundgesetz verankert würden, da anschließend die Sozialgesetzgebung in genau demselben Tenor reformiert werden müsste. Der sich aufbauende Druck führt dazu, dass die Forderung einer Verankerung der Kinderrechte auch bei einigen Politikern beliebt ist. So hat der jetzige Bundesjustizminister Heiko Maas zum 25 jährigen Bestehen der UN Kinderrechtskonvention im April 2017 gefordert, die eingeforderten Kinderrechte im Grundgesetz zu verankern. (Maas 2017)

Wenn es sich hier u.a. auch um positionierende Äußerungen zur kommenden Bundestagswahl handeln mag, ist es dennoch ein Votum für einen längst überfälligen Schritt hin zu einem neuen und erweiterten Verständnis einer kindlichen Gleichberechtigung. Die damalige Familienministerin Manuela Schleswig formulierte 2014 in ihrem Vorwort zur Veröffentlichung der Rechte des Kindes:

> „Alle Kinder, egal wo sie leben, von wo sie kommen, wie alt sie sind, wie sie aussehen oder welcher Religion sie angehören, haben das Recht auf Schutz vor Gewalt, auf Beteiligung, auf Bildung, auf Gesundheit, auf eine eigene Meinung und viele weitere Rechte, die im Übereinkommen über die Rechte des Kindes der Vereinten Nation (VN Kinderrechtskonvention) und in seinen beiden Zusatzprotokollen verankert sind."

Was in diesem Bericht von 2014 positiv und begrüßend anklingt in den Verlautbarungen des Familienministeriums hat eine Entwicklungsgeschichte in Deutschland hinter sich, die nicht immer so wohlwollend und bejahend war. Das Deutsche Kinderhilfswerk zitiert auf seiner Homepage aus der Präambel der UN Sätze, die verdeutlichen, wie hoch die Messlatte für alle ratifizierenden Staaten war. Zwei wünschenswerte Erwartungsformulierungen erwähne ich nun zur Verdeutlichung besonders:

- „In der Erkenntnis, dass das Kind zur vollen und harmonischen Entfaltung seiner Persönlichkeit in einer Familie und umgeben von Glück, Liebe und Verständnis aufwachsen sollte,
- in der Erwägung, dass das Kind umfassend auf ein individuelles Leben in der Gesellschaft vorbereitet und im Geist der in der Charta der Vereinten Nationen verkündeten Ideale und insbesondere im Geist des Friedens, der Würde, der Toleranz, der Freiheit, der Gleichheit und der Solidarität erzogen werden sollte."

(Homepage des Deutschen Kinderhilfswerks)

Würden Kinderrechte als fester Bestandteil in das Grundgesetz aufgenommen, so bedeutet das laut Barbara Küppers (terre des hommes): „Wenn Kinderrechte im Grundgesetz stehen würden, würde sich der öffentliche Druck erhöhen, die Umsetzung der Kinderrechte zu garantieren" und: „Wir fordern darüber hinaus einen unabhängigen Kinderbeauftragten, also eine Ombudsstelle, wo Kinder sich melden und beschweren können. Momentan haben Kinder in Not es sehr schwer, auf sich aufmerksam zu machen. Außerdem sollte eine solche Institution systematisch darauf achten, welche Auswirkungen Gesetze und Regierungsvorhaben auf Kinder haben. Österreich macht das schon, die haben einen Jugendcheck für alle großen Gesetzesvorhaben eingerichtet." (Küppers 2015)

Jörg Maywald (Deutsche Liga für das Kind) sagt, eine Aufnahme von Kinderrechten in das Grundgesetz – darunter ein Recht der Kinder auf bestmögliche Förderung – würde deutlich machen, dass Deutschland sich umfassend dem Vorrang des Kindeswohls verpflichtet fühlt. Hierzu gehört auch eine konsequente Bekämpfung der Kinderarmut (vgl. Maywald 2008: 45).

5.4 Die Position des Anwalts armer Kinder: Forderungen an die Sozialpolitik

Es folgen hier beispielhaft ausgewählte Forderungen eines großen christlichen Wohlfahrtsverbandes, der Diakonie, der repräsentativ für andere große deutsche Träger formuliert und sehr konkret fassbar macht, wo ein Umdenken und eine Umverteilung finanzieller Ressourcen und Belastungen im Rahmen der Gestaltungsmöglichkeiten von Sozialpolitik zu mehr sozialer Gerechtigkeit führen könnte.

„Kinderarmut" - so wird in allen Publikationen jedweder Vertreter zum Thema immer wieder angeführt und kritisiert - ist ganz primär einer finanziellen Unterversorgung der Betroffenen geschuldet. Darum ist auch sehr wichtig mit konkreten Vorschlägen in den politischen Diskurs einzusteigen, gleichzeitig wird dabei deutlich, wie sehr geforderte Veränderungen an der politisch-gesellschaftlichen Verteilungspolitik scheitern und nicht durchsetzbar erscheinen, trotz Solidar-und Subsidiaritätsprinzips als Grundfeiler sozialer deutscher Marktwirtschaft. Hier gilt es längerfristig zu weiterführenden Lösungen zu kommen. Die laufenden Forderungen und Apelle sind da sicherlich ein Schritt in Richtung echter Verbesserung zum Wohle armer Kinder. Gleichzeitig sind sie geboten, den dafür notwendigen politischen Druck beständig aufrecht zu erhalten. Die „Diakonie" kritisiert Steuer-, Familien- und Sozialpolitik mit Verbesserungsvorschlägen:

> „Aktuell führen Regelungen in der Steuer-, Familien- und Sozialpolitik zu unterschiedlichen Höhen des kindlichen Existenzminimums. Von den 148 familien- und 8 ehebezogenen Leistungen profitieren besonders Paare ohne Kinder oder Familien mit höherem Einkommen. Die Förderbeträge für in Armut lebende Kinder sind niedriger als die Steuerentlastung bei Familien mit Spitzeneinkommen. Weder der Kinderregelsatz noch das Bildungs- und Teilhabepaket sichern ein angemessenes Existenzminimum." (Diakonie auf ihrer Webseite zum Themenschwerpunkt Kinderarmut 2017)

Weiter tritt die Diakonie ein für eine Grundsicherung für alle Kinder:

> „Wir fordern eine einheitliche finanzielle Grundförderung, die das Existenzminimum aller Kinder abdeckt (536 Euro, BMF 2012). Das Nebeneinander aus Kindergeld, Kinderfreibetrag, Kinderzuschlag, Kinderregelsätzen und Pauschalen des Bildungs- und Teilhabepakets ist zu kompliziert und ungerecht. Für in Armut lebende Kinder und Familien müssen zusätzliche Leistungen gewährt werden. Zudem benötigen wir auf kommunaler Ebene eine bessere Infrastruktur. Dazu zählen die Ganztagsbetreuung, kostengünstige Freizeitangebote und ein für einkommensarme Familien kostenfreies Schulmittagessen." (ebd.)

Es fehlt also nicht an Veränderungsvorschlägen einer Umverteilung zugunsten der Ärmsten unserer Gesellschaft, es fehlt der politische Wille und / oder die gesellschaftliche Durchsetzbarkeit solcher Maßnahmen. Hier aufgeführte Ansätze, Vorschläge und Forderungen an die Sozialpolitik verdeutlichen, dass es letztendlich im Ansatz um neue Initiativen gehen muss, auch und gerade im Sinne einer Neubewertung von Teilhabe und gesellschaftlichem Miteinander, wenn man an der Problemlage ernsthaft etwas ändern will. Die Sozialpolitik der vergangenen Jahre hat hingegen faktisch gezeigt, dass politisch proklamierte Initiativbemühungen, finanzielle Transfers und Teilleistungen, die über die Eltern den Kindern zufließen, am Tatbestand der Kinderarmut und ihren Folgen nur marginal etwas geändert haben. Wer sich also dem Thema Kinderarmut heute bei allen sozialpolitischen Vorerfahrungen und Erkenntnissen in dem Bemühen nähert, an dieser etwas nachhaltig verändern zu wollen, kommt an der frei formulierten Aussage von Barbara König (seit 2005 Geschäftsführerin Zukunftsforum Familie e.V.) nicht vorbei:

> "Zum Thema Kinderarmut gibt es kein Erkenntnisproblem, sondern ein Umsetzungsproblem. Denn die Bekämpfung ist teuer und erfordert große Reformen: in der Bildungspolitik und in der Steuer und Sozialpolitik". (ebd.: 60)

Und sie fordert über einen erhöhten finanziellen Einsatz hinaus ein grundsätzliches gesellschaftliches Umdenken mit der Forderung nach mehr Angeboten frühkindlicher Bildung, einer angepassten, kontextsensitiven Schulpolitik und Beratungsangeboten, die auch die Eltern noch mehr und anders miteinbeziehen. Zielführender wäre es also, statt bestehender Einzelmaßnahmen, Hilfebedarfe so zu gewähren, dass sie aus einem Gesamtkonzept zur Armutsvermeidung heraus wirken. Bestehende Problemlagen müssen dauerhaft und konsequent betreut werden, bis würdige und teilhabegerechte Lebensumstände erlangt werden, möglichst unter aktiver Mitwirkung der Betroffenen im Rahmen ihrer Möglichkeiten.

5.5 Gesellschaftsbewusstes berufliches Handeln

„Das Bildungssystem hat drei Aufgaben: für Persönlichkeitsbildung und kulturelle
Integration zu sorgen, die für Arbeits- und Berufswelt erforderlichen Qualifikationen
zu vermitteln und soziale Positionen leistungs- und chancengerecht zu verteilen"
(Hepp 2013)

Wenn auch etwas plakativ und medial grob vereinfacht dargelegt, haben daher
mehr allgemeine Forderungen, wie John Philipp Hammersen (Geschäftsführer der
gemeinnützigen Hertiestiftung) im Sinne von Integration und Chancengerechtigkeit ihre Berechtigung, vor allen Dingen dort, wo entsprechende politische Ver-
sprechungen noch nicht realisiert wurden.

- Bessere Kinderbetreuung

- Mehr Ganztagsschulen

- Eine neue Allianz zwischen Eltern, Erziehern und Lehrern

- (vgl. Hammersen 2016)

Differenziert fachlich durchdacht und systemorientiert und ganzheitlich konzi-
piert, nimmt sich das „Konzept der Verwirklichungskulturen" von Ronald Lutz aus:
„Bildungspolitik muss Verwirklichungskulturen ermöglichen. Verwirklichungskulturen schaffen meint die Planung, Eröffnung und Ermöglichung von Teilhabe für
alle durch die Gestaltung von Optionen (Infrastrukturen) und die Zugänge zu diesen in den Lebenslagen von Menschen." Und weiter unten zu den erwarteten Effek-
ten: „Die Spielräume des Lernens und der Erfahrung, der Kontakte und Kooperati-
onen sowie der finanziellen Mittel halten einen Verbund von Optionen bereit. Diese
werden durch bundesweite bildungspolitische Maßnahmen weiterentwickelt und
mit kommunalen und regionalen Aktivitäten verknüpft." (Lutz 2015)

Er schließt hierzu mit dem Satz: „Wenn dies gelingt, benötigen wir in Deutschland
künftig keine Sonderräume für Arme mehr, sondern wir tragen dazu bei, dass durch
eine Verstärkung der Sensibilität für Benachteiligte diesen mehr Zugang zu diesen
Optionen ermöglicht werden." Bildungspolitiker sind aufgefordert, wie es auch
schon im Bereich der Sozialpolitik offensichtlich wurde, sich mehr systemischen
Zusammenhängen von Armut und immanenten Benachteiligungen und Förderbe-
darfen zu stellen. Konzeptionen, wie die von Ronald Lutz greifen natürlich viel tie-
fer und problemorientierter ins bestehende deutsche Verständnis und System ein,
wie beispielsweise isolierte Forderungen nach mehr Kinderbetreuung.

Dieser mittlerweile auch gesetzlich verankerte Anspruch, galt vor wenigen Jahren noch als nicht finanzierbar und wurde derzeit als utopisch abgetan. Der durchgesetzte starke gesellschaftliche Wille, quer durch alle Schichten hat in vielerlei Hinsicht auch zu einer bedingten Entlastung gerade Alleinerziehender, als von Armut besonders Betroffener beigetragen. Wenn auch der Initiativgedanke hier nicht primär dieser Gesellschaftsgruppe galt. Wo ein Wille, da auch ein Weg, das gilt eben auch für starke gesellschaftliche und politische Interessen. Wiedervereinigung, Flutkatastrophe, Energiewende und Flüchtlingsbewegung haben u.a. gezeigt, was gewollt ist, ist auch durchsetzbar, finanzierbar und somit machbar. Für das Thema Kinderarmut scheint das nicht so gewollt zu sein. Erkenntnisse über Ursachen und Zusammenhänge von Kinderarmut haben nicht dazu geführt, das umfassendere bildungspolitische Vorstöße, wie der von Lutz konzeptionierte Eingang finden in die realpolitische Umsetzung, es gibt auch hier wieder nur punktuelle Veränderungen, Verbesserungen, Einzelmaßnahmen, Versuche auf die Folgen zu reagieren, aber keinen durchgehenden von der Wurzel des Problems hergeleiteten Ansatz dieses grundlegend neu zu sehen und anzugehen.

5.6 Förderungen und Ausgleiche in kindlichen Lebenswelten: Resilienzförderung

Mit diesem Kapitel wende ich mich nun der Seite sozialarbeiterischen Handelns zu, die darauf abzielt, mit der Klientel an Kompetenzen zu arbeiten, die Ausgrenzung entgegenarbeiten. In diesem Zusammenhang kursiert der Begriff der Resilienz allenthalben. Was bedeutet Resilienz, was macht sie aus und wo liegt ihre besondere Bedeutung in der Bekämpfung von Kinderarmut? „Für den Kontext der hier relevanten Altersgruppe kann Resilienz definiert werden als die psychische Widerstandsfähigkeit von Kindern gegenüber biologischen, psychologischen und psychosozialen Entwicklungsrisiken. Resilienz zielt insofern auf psychische Gesundheit trotz Risikobelastungen, d.h. auf Bewältigungskompetenz, ab. Unter Resilienz werden dabei drei Erscheinungen subsummiert:

1. die positive, gesunde Entwicklung trotz hohem Risikostatus , z.B. chronische Armut, elterliche Psychopathologie, sehr junge Elternschaft (gemeint sind auch so genannte Multiproblemmilieus),

2. die beständige Kompetenz unter extremen Stressbedingungen , z.B. elterlicher Trennung und Scheidung, Wiederheirat eines Elternteils,

3. die positive bzw. schnelle Erholung von traumatischen Erlebnissen wie Tod eines Elternteils, Gewalterfahrungen, Naturkatastrophen oder Kriegs- und Terrorerlebnisse (...)." (zitiert nach Wustmann 2004)

Die beschriebenen Eigenschaften von Resilienz sind natürlich keine grundsätzlich neuen menschlichen Eigenschaften. Aber sie sind besonders in den Fokus geraten durch die sie auszeichnenden Merkmale einer starken psychische Widerstandskraft, hoher „Frustrationstoleranz" und einer grundsätzlich positiven Erwartungshaltung dem Leben gegenüber trotz widriger Lebensumstände. Menschen verfügen in unterschiedlichem Maße über diese Befähigungen, es hat sich aber gezeigt das es in jedem Fall wichtig ist den Grad der Anlage nicht nur zu erkennen, sondern Lebenshaltung, Konfliktfähigkeit und Beziehungsverhalten in jedem Kind zu stärken. Was nichts anderes bedeutet als Kinder präventiv stark machen zu wollen, und dabei sehr genau hinzusehen was die Kinder mitbringen und wo ihre individuellen Förderbedarfe liegen. Der pädagogische Ansatz ist also nicht defizitär und auf Anpassung ausgerichtet, sondern liegt in der Förderung und in der Bestärkung des Kindes sein Leben nach seinen eigenen Befähigungen auszurichten.

> „Im Vergleich zu früheren Ansätzen wird heute davon ausgegangen, dass Resilienz kein angeborenes Persönlichkeitsmerkmal bezeichnet, sondern vielmehr eine Kapazität, die im Verlauf der Entwicklung im Kontext der Kind-Umwelt-Interaktion erworben wird (...). Die Wurzeln für die Entwicklung von Resilienz liegen dabei in besonderen risikomildernden Faktoren, die sowohl in der Person des Kindes als auch in seiner Lebensumwelt lokalisiert sein können." (zitiert nach Wustmann 2004)

Dieses pädagogische Verständnis bedeutet in seiner Annahme, dass mit entsprechender Wahrnehmung und Unterstützung von außen Kinder ganz gezielt zu starken und belastbaren Menschen erzogen werden können. Und das trotz schwieriger und widriger Lebensumstände, zu denen auch Armutsumstände und -risiken gehören. Kinder können also unter positiven Begleitumständen in die Lage versetzt werden, Herausforderungen als Wachtumsgeneratoren für die Ausbildung eigener Stärken zu nutzen. Die konkrete Umsetzung derartiger pädagogischer Fördermaßnahmen steckt bei allen vielversprechenden Ansätzen allerdings noch in den Anfängen. „Für eine Umsetzung dieser Förderaspekte in der pädagogischen Praxis liefern einige Präventionsprogramme bereits erste positive Anhaltspunkte. Zukünftig wird es entscheidend sein, diese punktuellen Förderaspekte weiterführend auszuarbeiten und in ein Gesamtkonzept der Resilienzförderung zu integrieren sowie in der Praxis zu implementieren." (zitiert nach Wustmann 2004)

5.7 Die Herstellung von Chancengleichheit als Fokus Sozialer Arbeit

Was kann Soziale Arbeit tun und in welchem Rahmen kann sie wirken, um armen Kindern in ihrer Benachteiligung zu helfen? Die Ausbildung von Resilienz zu unterstützen ist ein wichtiger Aspekt, gerade auch in der Frühförderung betroffener Kinder, aber es gilt hier ganz bewusst darüber hinaus auf zu zeigen, worin können Motivation und Möglichkeiten liegen, die Lebenslagen der Betroffenen zu verbessern?

> „Wissenschaftsbasierung und Berufskodex verschaffen also der Sozialen Arbeit nicht nur die Basis für unabhängige Urteile über Situation, Probleme, deren Erklärung und Bewertung sowie über die Wahl von Vorgehensweisen, sondern zudem auch eine eigene, allgemeine Legitimations- und Mandatsbasis für eigenbestimmte, professionelle Aufträge. Sie muss bei gravierenden Problemen nicht unbedingt auf ein Mandat, einen Auftrag oder Vertrag warten, der ohnehin auf sich warten ließe."

Dieses Zitat von Staub-Bernasconi stelle ich den nachfolgenden Ausführungen voran, um zu verdeutlichen in welchem Möglichkeitsspektrum und in welchem Bewertungsrahmen Soziale Arbeit ihre Aufgaben und auch ihre Kompetenzen und Berechtigungen sieht, was auch bedeutet Handlungsansätze zu verfolgen die die Einhaltung und Einforderung von Menschenrechten gebietet. Kinderarmut ist ganz entschieden und wie in dieser Arbeit mehrfach aufgezeigt ein Aspekt von Benachteiligung und manchmal auch ein Verstoß gegen die UN-Kinderrechtskonvention (s. Kap. 5.2.). Was können Vertreter der Sozialen Arbeit im Rahmen ihrer Möglichkeiten also konkret tun, um positiv auf die belastende Ausgangslage betroffener Kinder ein zu wirken und eine Annäherung von Chancengleichheit anzustreben? Sie sind zum einen aufgefordert, Chancenungleichheit zu erkennen und zum anderen, sich für diejenigen einzusetzen, die der Chancengleichheit entbehren. Menschen leiden unter den Folgen von Ungleichheit, sind sich aber der Ursachen und Gründe hierfür nicht immer klar bewusst oder nicht immer in der Lage, auf sie einzuwirken und zu verändern. Dabei gilt es für die Soziale Arbeit die Ungleichheit der Umstände bewusst zu machen, Ursachen deutlich zu benennen und vor allen Dingen auch die Handlungskompetenzen der Betroffenen zu stärken. Heißt für die Vertreter der Sozialen Arbeit neben der Wahrnehmung einer bereits weiter oben erwähnten Anwaltschaft für die Betroffenen, in Form von Aufklärung und Abdeckung von Verhaltens-und Verständnisdefiziten primär den betroffenen Personenkreis in der Selbstwahrnehmung ihrer Rechte zu stärken. Soziale Arbeit hat also die Aufgabe, die von Armut betroffenen Kinder und ihr angeschlossenes Umfeld in der Wahrnehmung ihrer Bedürfnislagen und in ihrem eigenen Sein und Selbstwert zu stärken.

Wie in der Resilienzförderung deutlich wurde, geht es sehr grundsätzlich darum betroffene Menschen darin zu unterstützen gesellschaftliche Teilhabe selbstwirksam umsetzen zu können und damit mehr Chancengleichheit zu erlangen. Das heute mit Empowerment (vgl. Herriger 2006) bezeichnete pädagogische Handeln zielt darauf ab, die Klientel in ihren Selbstabsichten zu stärken und zu ermutigen, belastende Umstände mit Hilfe von Selbstreflektion und anfänglicher Unterstützung von außen zu durchbrechen. Denn nur selbstbewusste Menschen sind in der Lage, exkludierende Lebenslagen nicht mit Rückzug zu beantworten, sondern sich mutig und aktiv Ausgrenzungssituationen entgegenzustellen.

Der Sozialen Arbeit ist es also ein primäres Anliegen, Chancengleichheit durch persönliche Unterstützung der Betroffenen herzustellen. Das kann wie beschrieben durch positive Selbstbestärkung der Betroffenen passieren und durch unterstützende Maßnahmen, die auf Umstände und Einrichtungen des Sozialraumes einwirken. Kinder müssen und können dort gestärkt und unterstützt werden, wo sie sind, also gerade in jüngeren Jahren im unmittelbaren Nahbereich ihres Lebensaufenthaltes, ihrem lokalen Sozialraum. Ziel und Aufgabe muss es daher für Vertreter der Profession sein, die Kinder dort aufzusuchen bzw. ihnen dort Angebote zu unterbreiten wo sie zuhause sind, sich aufhalten und auch sein dürfen. Wenn wichtige und attraktive Angebote die Kinder inhaltlich gut erreichen, örtlich noch nicht gegeben sind, muss über Initiativen nachgedacht werden diese zu schaffen. Auch das ist Teil der Sozialen Arbeit Möglichkeiten auf Chancenparität im Sozialraum zu erkennen und zu initiieren.

Sozialräumliche Partizipation ist in jedem Fall da möglich, wo Kinder bereits in Betreuungs- und Beschulungseinrichtungen sind. Hier kann der persönliche Kontakt Bedarfe deutlich machen und es ermöglichen gezielte Angebote zu unterbreiten und nicht nur das, hier besteht auch die Möglichkeit, die Erziehungsberechtigten mit einzubeziehen. Es ist sehr vorteilhaft und nutzbringend für alle, wenn die primären Bezugspersonen der Kinder mit Unterstützungsangeboten erreicht werden können. Persönlicher Austausch, erste Hilfsangebote und gemeinsame Veranstaltungen sind Anbahnungen für längerfristige und vertrauensvolle Zusammenarbeit. Hier kann der Versuch unternommen werden, nicht nur kurzfristig Einzelhilfen zur Lebensbewältigung und Erziehung anzubieten, sondern längerfristig einen Treffpunkt zu etablieren, der einem erweiterten Kreis von Menschen als Kontakt- und Kommunikationsforum dienen kann. Gerade den Menschen, die geneigt sind, sich auf Grund ihrer persönlichen Verhältnisse verschämt ins Private zurück zu ziehen.

In diesem Schutzraum können sich Menschen öffnen, mitteilen, solidarische Erfahrungen machen und damit auch einen Teufelskreis aus Armut, Scham und Isolation vermeiden.

Vernetzung ist tatsächlich auch eine vielseitige Option zur Einbindung unterschiedlichster Kontakte. Durch sie ergeben sich sehr viele neue und zeitnahe Möglichkeiten. Persönlich zugeschnittene Austausch, Hilfs- und Kennlernangebote, behördlich, institutionell, privat, lokal und global. Die Vertreter der Sozialen Arbeit sollten dieses vielfältige und reichhaltige Angebot auch in ihrer Arbeit mit den Betreuten nutzen und die möglichen Effekte damit weiter potenzieren. Digitaler Austausch schafft hier über den eigenen Sozialraum hinaus nicht nur einen Informations- und Kontakttransfer, der über lokale und persönliche Grenzen hinausweist, er kann auch helfen die eigene Sicht perspektivisch enorm zu erweitern und dem Gefühl von Einsamkeit entgegenzuwirken.

Wenn Soziale Arbeit es hier schafft, Angebote und Wege zu bereiten, offene Kommunikation und Mitbestimmung zu unterstützen und dabei Vertrauensverhältnisse zu etablieren, zu intensivieren eventuell auch mit einem Unterstützernetzwerk von Freiwilligen zusammen zu arbeiten ist nicht nur viel getan für das Aufbrechen exkludierender Verhaltensstrukturen, die mit Kinderarmut oft einher gehen, sondern auch für ein Mehr an solidarischem Miteinander zur Herstellung von Chancengleichheit. Im Fokus steht der bedürftige Mensch, der neben den ganz konkreten Lebenshilfen ein Anrecht darauf besitzt, mit eigener Stimme gehört und wahrgenommen zu werden. Nicht nur das Grundgesetz auch das Berufsethos Sozialer Arbeit gebietet es, jedem Menschen nicht nur mit Würde und Respekt zu begegnen, sondern sich gerade in diesem Berufsfeld dafür einzusetzen, diesem Anspruch auch Geltung zu verschaffen. Das Eintreten für Chancengleichheit ist so ein Anspruch. Prozesse und Auseinandersetzungen, die unter diesen Vorzeichen geführt werden stärken nicht nur Meinungsvielfalt und Toleranz, sie schulen auch das Verständnis von Einzig-und Andersartigkeit und den Respekt vor der Gleichheit aller Menschen. Nur so, und dabei spielt das berufliche Engagement von Vertretern Sozialer Arbeit eine wichtige Rolle, kann eine inklusive und teilhabeorientierte Gesellschaft gelingen. Soziale Arbeit muss da sein, wo sozialer Frieden gefährdet ist, um den Anspruch auf menschliche Würde und den hier thematisierten Kinderrechten Geltung zu verschaffen.

5.8 Zusammenfassung

Diese Arbeit schließt mit einem Kapitel über die Soziale Arbeit. Hier wird eine Übersicht vermittelt über ihre Wertstellung, ihr Berufsverständnis, ihre Aufgabenstellung und ihr gesellschaftliches Handeln und Wirken. Dieser Berufsstand ist zusammen mit allen anderen sozial und pädagogisch ausgerichteten, derjenige, dem es obliegt, gesellschaftliche Missstände anzuprangern und damit öffentlichkeitswirksam zu machen, gerade weil er diese im persönlichen Kontakt mit den Betreuten in seiner täglichen Arbeit erlebt. So auch im Bereich der beständigen Kinderarmut in Deutschland. Der Berufsstand zeigt hier Flagge, um aufzuzeigen wo und wie er sich in seiner Anwaltschaft derjenigen, die dieses nicht können oder wollen, versteht. Wie in anderen Berufsfeldern auch wird der Weg zum Ziel kontrovers diskutiert. Handlungsbedarfe werden gesehen oder negiert, der Adressat wird in seinen Handlungsmöglichkeiten unterschiedlich kompetent erlebt und bewertet. Hier finden sich unterschiedliche Ableitungen, wie und wo anzusetzen sei, um Veränderungen grundlegend zu bewirken. Einig ist man sich in der staatlichen Unterfinanzierung um das Problem der Kinderarmut ursächlich und dauerhaft zu beseitigen. Soziale Arbeit ist eingebunden in sozialstaatliche Politik und bewegt sich auch in Abhängigkeit von dieser. Richtungsweisend und handlungsleitend muss aber eine Orientierung an den Menschenrechten sein. Darum sind Bestimmungen, wie die UN Kinderrechtskonvention, oder der child well being index auch so wichtig, um weltweit verbindliche Normen im Umgang aller Menschen miteinander und als Handlungsmaß zu definieren. Das bedeutet, sich auch kritisch einzubringen, wenn Verstöße oder Missachtung im eigenen Land zu ahnden sind, der Rechtsstaat seine Pflichten versäumt oder ihnen nicht nachkommt. Gleichermaßen kann Soziale Arbeit sich berufen fühlen, als „Krisenmanager" vor Ort der Politik Handlungsanweisungen zu empfehlen und nahe zu legen, wo diese es versäumt, tätig zu werden um Missstände zu beseitigen. Politische Ankündigungen Kinderarmut wirksam entgegen treten zu wollen haben aus Sicht Sozialer Arbeit oft nur verbalen Absichtscharakter.

Der mehrfach geäußerte Unmut und ein Unverständnis darüber wie wenig trotz umfangreicher Auswertungen und immer wieder neuer Feststellungen von Kinderarmut, von politischer Seite getan wird, sorgt im gleichem Maße für diesen Berufsstand für Mehrarbeit, Bedeutungszuwachs und eine hohe Verantwortlichkeit. Der Berufstand lebt mit und von menschlicher Ungerechtigkeit und wird daher immer wieder neu für sich darüber nachsinnen, inwieweit auch der eigene Beitrag noch verbessert werden kann, um Verbesserungen für Benachteiligte zu erlangen. Das

Streben nach Chancengleichheit und Teilhabe ist daher ein grundlegendes Anliegen um genau hier erfolgreich zu sein. Die Erkenntnis, die das Verständnis von Resilienz vermittelt, macht deutlich, dass auch die Kenntnis der menschlichen Natur und sozialer Interaktionen ein beständiges Lernfeld für diese und ihnen nahestehende Professionen bleiben. Vernetzungen weltweiter Erkenntnisse und Erfahrungen die Menschen im Umgang miteinander machen, können Kenntnis und Sachstand dabei stark befruchten und erweitern.

6 Fazit und Ausblick

Im ersten Teil meines Fazits gehe ich der zentralen Fragestellung nach, welches sind Ursachen und Auswirkungen von Kinderarmut?

Dieses tue ich in einer essentiellen Auswertung der in den Kapiteln gesammelten und vermittelten Zusammenhänge und Erkenntnisse und setze sie dabei in Beziehung zu gegenwärtigen, wie auch historisch gewachsenen gesellschaftlichen Prozessen und Systemen. Die Untersuchungen haben gezeigt wie diese ineinandergreifen und funktionieren und den Wertekanon dieser Gemeinschaft bestimmen und damit auch die Bewertung von Kinderarmut beeinflussen. Diese Vorgehensweise wurde bewusst so gewählt, um der Vielzahl von bereits gemachten Äußerungen und Rückschlüssen in den einzelnen Kapiteln eine Wiederholung zu ersparen. Sie ermöglichen mir in einer abschließenden These die Ursachen und Auswirkungen von Kinderarmut nochmal auf einer anderen Begründungsebene zu erörtern und zusammenzufassen. Kinderarmut, so der Erkenntnisgewinn dieser Arbeit bedarf einer grundsätzlichen Infragestellung von Betrachtung und Bewertung, wenn ihre Überwindung mehr sein soll als der Versuch Korrekturmaßnahmen aneinanderzureihen und lediglich nachzubessern, wenn eine Aufforderung von außen kommt.

Im zweiten Teil des Fazits widme ich mich nochmal den Handlungsmöglichkeiten Sozialer Arbeit mit dem Fokus auf die Herstellung von Chancengleichheit. Der dritte und letzte Teil versucht einen Ausblick für die weiteren Entwicklungen des Themas.

Der in der Einleitung zitierte Artikel, der bedrohliche Armutsdimensionen in Deutschland 2017 herauf beschwört, zeigt sich im öffentlichen Bild nicht in der Weise wie dieser Begriff für gewöhnlich assoziiert wird. Das ist womöglich ein Teil des behandelten Problems, ihre mangelnde Offensichtlichkeit im öffentlichen Raum. Nur wer genauer hinsieht, selbst betroffen ist oder in seinem beruflichen oder privaten Umfeld Kontakte hat, die Armut unverschleiert offenbaren, gehört zu denen die Kenntnis aus erster Hand haben. Dieses Wissen, diese Wahrnehmung teilen also bei weitem nicht alle Bundesbürger. Im Gegenteil, vielen wird es eher verborgen bleiben. Denn auch anders als in zurückliegenden Zeiten gibt es heute in Massen produzierte Billigprodukte die das Bild von Armut schon äußerlich kaschieren und damit nicht mehr so offenbar werden lassen.

Kinderarmut und Armut sind zu einem kaum wahrgenommenen festen Bestandteil dieser Gesellschaft geworden ohne dass diese Tatsache kollektiv empören würde. Das Problem erzeugt also keine offenkundige Relevanz. Umstände, die derart viele

Menschen täglich betreffen und trotzdem unter dem gesellschaftlichen Radar bleiben, zeigen ein Wahrnehmungsproblem. Kinderarmut, so machen die Ergebnisse meiner Arbeit überdies deutlich, erreicht, wenn sie medial in die Schlagzeilen gerät nicht die gesellschaftliche Beachtung und Bewertung, die anderen Hilfsprojekten zu Teil wird. Das heißt neben einem Wahrnehmungsproblem unterliegt Kinderarmut auch einem Bewertungsproblem, anders lässt sich die akzeptierte Beständigkeit aus meiner Sicht nicht erklären.

Politik und Gesellschaft sind scheinbar nicht oder noch nicht gewillt, an ihrer beständigen Existenz etwas zu ändern und Regierende verspüren keinen ausreichenden Handlungsdruck dieses zu tun. Wer ernsthaft nach Ursachen für das Weiterbestehen von Kinderarmut fragt, kann die vorliegenden Erkenntnisse nicht ignorieren. Was können also Gründe dafür sein, dass das Problem nicht bedeutungsschwer die öffentlichen Debatten bestimmt und Regierungen zwingt, neue Wege zu gehen?

Hypothetisch äußere ich die Vermutung, es liegt an den Bewertungsmaßstäben dieser Gesellschaft die in der Aussage münden, dass der, der in diesem Land arm ist, es sich selbst zu zuschreiben hat. Diese Schlussfolgerung zu Ende gedacht würde bedeuten, es ist nicht das fehlende Geld, es ist die gesellschaftliche Weigerung, diejenigen aus der Armut zu befreien, die nicht in der Lage sind aus eigener Kraft anschlussfähig zu sein und zu bleiben. Die individuelle Not der in Armut Lebenden gilt als selbstverschuldet und ist daher nicht kollektiv zu verantworten. Arm zu sein in Deutschland unterliegt daher weiterhin einer Stigmatisierung.

Das vielfach angesprochene und eingeforderte Geld als primäre Lösungsoption bei der Bekämpfung von Kinderarmut, beispielsweise in Form einer Kindergrundsicherung kann als verfügbar gelten. Viele, auch sehr teure Finanzierungsprojekte der jüngeren Vergangenheit sind Beispiel und Beweis genug für die staatliche Verfügbarkeit und spontane Bereitstellung finanzieller Mittel, ob Flüchtlingsintegration, Anspruch auf Kitaplätze, Frühberentung, Hochwasseropfer oder auch das Zusammenwachsen von Ost und West.

Es hat sich gezeigt, der Sozialstaat ist nicht tatenlos in der Unterstützung seiner bedürftigen Bürger, neoliberales Denken, Handeln und Wirtschaften dominieren aber das staatliche und menschliche Miteinander. Es gibt eine klare Abhängigkeit der Menschen von bestehenden und sich ständig verändernden Produktionsverhältnissen, die diese zwingen, sich in geforderte Arbeitsprozesse einzuordnen. Sozialstaat und Politik begleiten diese dynamischen Wirkungsmechanismen, indem sie flankieren, regulieren und Ausgleich schaffen über Mindestlohn, Mietpreisbindung und Kindertagesstätten. Kinderarmut ist da kein Faktor, der bei dominierendem Wirtschaftsdenken Relevanz erlangt. Anders beispielsweise verhält es sich, wenn das Leistungsniveau zu vieler Schulabgänger unzureichend ist um eine Ausbildungsreife zu erlangen. Da wird der Staat von den Wirtschaftsmächten des Landes aufgefordert gegenzusteuern, um die von Ihnen benötigten Bedarfe zu decken.

Mein Fazit zu Ursachen und Fortbestand von Kinderarmut besteht daher in der Aussage, es fehlt immer noch ganz entscheidend ein gemeinsamer gesellschaftlicher Wille an der Tatsache von Kinderarmut etwas ändern zu wollen. Erst wenn sich in der Bewertung und Betrachtung von Kinderarmut etwas grundlegend verändert erhalten alle in den Themenkomplexen angesprochenen Forderungen ein anderes Gewicht und eine Aussicht auf Realisierung.

Fazit Teil 2: Soziale Arbeit schafft Vermittlung und Vertrauen und baut damit Brücken zwischen benachteiligtem Individuum und Gesellschaft.

Soziale Arbeit kann, wie auch im eigenen Kapitel hierzu ausführlich ausgeführt, nur im Rahmen bewilligter Mittel und Zuweisungen tätig werden, dafür aber umso bedeutender im Rahmen menschlicher Förderung wirken und stark machen. Betreute sind mit allen gebotenen Mitteln, Maßnahmen und Methoden dahingehend zu unterstützen, das eigene Leben so in die Hand zu nehmen, dass Selbstbestimmung ermöglicht wird. Darüber hinaus gilt es, die vielfach zitierte Anwaltschaft nutzend, beherzt Stellung zu beziehen und überhaupt sich kritisch und laut zu Wort zu melden, wenn es darum geht menschliche Ungleichbehandlung zu tadeln. Das verkörperte soziale Gewissen, ausgerichtet an den Menschenrechten sollte politisches Handeln kritisch begleiten und immer da fordern, wo Defizite sichtbar werden. Der Aktionsradius Sozialer Arbeit ist zwar begrenzt definiert und von außen mitbestimmt. Professionelles Handeln und Zuwendung den Betreuten gegenüber liegt aber auch in eigener Hand und ist von daher von großer Bedeutung, weil hier Vertrauen, Zuversicht und ein Glauben an sich selbst verstärkt werden kann. Kinder sind besonders empfänglich und daher auch prädestiniert gute begleitende Soziale Arbeit für sich selbst nutzbar machen zu können. Zu entwickelndes Vertrauen ist hierbei die Basis von der ausgehend Ausgleich und Kompensation für innerfamiliäre Missstände geleistet werden können.

Chancengleichheit ist die Zielsetzung, Gerechtigkeit dabei nicht immer möglich, dafür kann Soziale Arbeit vermittelnd, aufbauend und ausgleichend wirken. Soziale Arbeit ist geschult und sensibilisiert, Auswirkungen von Chancenungerechtigkeit nicht nur präventiv zu erkennen und zu begleiten, sondern auch langfristig auf Individuum und belastende Umstände so einzuwirken, das Aussichten auf Verbesserung möglich werden. Sozialstaat, Forschung und Soziale Arbeit bilden das Triumvirat, das Ursachen und Auswirkungen von Kinderarmut wenn nicht beseitigen, so doch in gegenseitiger Ergänzung und Zusammenarbeit mildern, ausgleichen und perspektivisch verändern können.

Ausblick

Es ist im Fazit und auch in der Arbeit selbst mehrfach angeklungen, dass trotz eines eher negativen Resümees der mit dem Thema Kinderarmut Befassten, es Hoffnung geben kann, dass die beklagten Umstände sich für die betroffenen Kinder verändern können.

Warum bin ich dieser Meinung?

Es wächst eine neue Generation von Menschen heran, die sich nicht mehr primär über materielle und hierarchische Wertstellung in der Gesellschaft identifiziert, stattdessen dem menschlichen Miteinander und damit auch den Menschenrechten eine viel höhere Präferenz gibt. Infolge der beschriebenen gesamtgesellschaftlichen Prozesse hat sich eine Dynamik entwickelt, die zu schnellen Veränderungen führt. Der positive Umgang mit den Flüchtlingen hat dieses gezeigt, wie auch die humanistische und vom Herzen geleitete Entscheidung einer Bundeskanzlerin, die dieses mit Wohlwollen der Bevölkerung kurzfristig ermöglichen konnte.

Es wächst also ein breites Bündnis in dieser Gesellschaft, das Teilhabe, Anteilnahme und Gerechtigkeit in den Mittelpunkt stellt und sich folglich schnell und solidarisch zu Wort meldet, selbst wenn nur in Einzelfällen Verstöße gegen diese Werte vorliegen. Dieser Wandel geht auch an den Volksvertretern und anderen Entscheidungsträgern nicht spurlos vorbei. Das macht Hoffnung, dass auch Kinderarmut anders in den Fokus kommt und einer neuen Bewertung unterzogen wird. Diese gewandelte Gesellschaft zeigt sich willig und lernfähig, Vorurteile und Ängste zu überwinden. Menschen zu sehen und zu behandeln, ob behindert, aus anderen Kulturen stammend oder mit Geschlechtsidentität kämpfend, als Menschen unter ihresgleichen. Exklusion als Stützung von Selbstidentifikation wird zunehmend durch Inklusion der „Anderen" ersetzt. Menschlichkeit rangiert vor Ausgrenzung. Soziale Arbeit wird Teil dieses Wandels sein und müssen. Das Primat der mitmenschlichen Solidarität, wenn sie sich weiterhin durchsetzt, entwickelt sich zum gesellschaftlichen Konsens. Soziale Arbeit kann diese Entwicklung nutzen, die Veränderung beklagter Prozesse beschleunigen, verstärken und ganz erheblich mit dazu beitragen eine Brückenfunktion in der Vermittlung dieser humanistischen Werte einzunehmen.

Bleibt zu hoffen, dass diese geschilderte hoffnungsvolle empathische Entwicklung stark genug ist und den Sieg davonträgt in einer Welt, die uns jeden Tag beweist wie fragil menschliche Strömungen sind und das sich Verhältnisse auch sehr schnell umkehren können.

7 Literaturverzeichnis

Agarwala, Arnant in: Die Zeit No.14: Abi für alle! Dossier, 31.03.2017; in: http://www.zeit.de/2017/14/schulabschluss-abitur-angestiegen-verfall/komplettansicht; rev. 06.04.2017.

Andresen, Galic 2015; Bertelsmann Stiftung: Kinder, Armut, Familie (Bundesvereinigung evangelischer Tageseinrichtungen/2006

Anger, Christina; Orth, Anja Katrin Bildungsgerechtigkeit in Deutschland, eine Entwicklung seit dem Jahre 2000/ S.9/Konrad Adenauer Stiftung/Institut der deutschen Wirtschaft/Christina Anger, Anja Katrin Orth http://www.kas.de/wf/doc/kas_45395-544-1-30.pdf?160602110035, rev. 03.07.2017

Ansen, Harald 1998: Armut - Anforderungen an die Soziale Arbeit. Eine historische, sozialstaatsorientierte und systematische Analyse aus der Perspektive der Sozialen Arbeit, Frankfurt a. M., Berlin, Bern u.a.

Bauermann, Jana Goia 2014: Allein mit Kind macht arm; in: http://www.zeit.de/2014/41/alleinerziehende-armut-hartz-iv, rev. 13.07.2017.

Bertelsmann-Stiftung 2015: Armutsgefährdete Kinder sind materiell unterversorgt und sozial benachteiligt; in: https://www.bertelsmann-stiftung.de/de/themen/aktuelle-meldungen/2015/mai/bedarfslagen-von-familien-in-prekaeren-lebensverhaeltnissen/; rev. 02.07.2017.

Bertelsmann-Stiftung 2016: Alleinerziehende leben fünfmal häufiger in Armut als Paarhaushalte; in: https://www.bertelsmann-stiftung.de/de/unsere-projekte/familie-und-bildung-politik-vom-kind-aus-denken/projektnachrichten/alleinerziehende-leben-fuenfmal-haeufiger-in-armut-als-paarhaushalte/; rev. 15.07.2017.

Biermann, Benno 1996: Bemerkungen zum Armutsbegriff, in: Bauer, Brigitte; Engelhardt, Paulus; Rainer, Michael J. (Hrsg.) 1996: Armut und Soziale Arbeit, a.a.O., S. 25-31.

BMAS (Bundesministerium für Arbeit und Soziales) 2017: 5. Armuts- und Reichtumsbericht; http://www.armuts-und-reichtumsbericht.de/DE/Bericht/armuts-und-reichtumsbericht.html; rev. 20.06.2017

Bommes, Michael; Scherr, Albert 1996: Exklusionsvermeidung, Inklusionsvermittlung und/oder Exklusionsverwaltung, in: Neue Praxis, H. 2-1996, S. 107-123.

bpb 2016 Stichwort Globalisierung https://www.bpb.de/nachschlagen/lexika/lexikon-der-wirtschaft/19533/globalisierung, rev. 21.06.2017.

bpb 2016 Stichwort Neoliberalismus http://www.bpb.de/nachschlagen/lexika/lexikon-der-wirtschaft/20176/neoliberalismus, rev. 21.06.2017.

Breckner, Ingrid 2010: Stadtentwicklung - Gentrifizierung im 21. Jahrhundert; in: http://www.bpb.de/apuz/32813/gentrifizierung-im-21-jahrhundert?p=all; rev. 20.08.2017.

Bundesvereinigung evangelischer Tageseinrichtungen 2006: Kinderarmut erkennen, wirksam handeln"

Butterwegge, Christoph; Holm, Karin; Imholz, Barbara; Klundt, Michael; Michels, Caren; Schulz, Uwe; Wuttke, Gisela; Zander, Margherita; Zeng, Matthias 2013: Armut und Kindheit: Ein regionaler, nationaler und internationaler Vergleich; Springer

Butterwegge, Christoph 2004: Armut und Kindheit, Maßnahmen der Beschäftigungs-, Bildungs-, Familien- und Sozialpolitik zur Bekämpfung von (Kinder-)Armut; Springerverlag.

Chassé , Karl A. 2010: Kindermut in Deutschland; in: Aus Politik und Zeitgeschichte APuZ 51-52/2010: Armut in Deutschland (kann man einfügen, muss man aber nicht: http://www.bpb.de/apuz/32283/kinderarmut-in-deutschland?p=all(zitiert, rev. 20.05.2017.

Chassé; Karl A. Zander, Margherita; Rasch, Konstanze 2003: Meine Familie ist arm - Wie Kinder im Grundschulalter Armut erleben und bewältigen.Leske & Budrich, Opladen.

Deutsches Kinderhilfswerk Homepage; https://www.dkhw.de/unsere-arbeit/schwerpunkte/kinderrechte/die-kinderrechte-in-deutschland/, rev. 08.08.2017.

Diakonie Deutschland: Themenschwerpunkt Kinderarmut.in: https://www.diakonie.de/kinderarmut/; rev. 30.07.2017.

Dräger, Jörg, Mitglied des Vorstands der Bertelsmann Stiftung 2015 in: https://www.bertelsmann-stiftung.de/de/themen/aktuelle-meldungen/2015/mai/bedarfslagen-von-familien-in-prekaeren-lebensverhaeltnissen/; rev. 02.07.2017.

Duden Wirtschaft von A bis Z: Grundlagenwissen für Schule und Studium, Beruf und Alltag. 6. Aufl. Mannheim: Bibliographisches Institut 2016. Lizenzausgabe Bonn: Bundeszentrale für politische Bildung 2016; In http://www.bpb.de/nachschlagen/lexika/lexikon-der-wirtschaft/19380/fuersorgeprinzip; rev. 29.05.2017.

Engels, Dietrich 2008: Artikel „Lebenslagen", n B. Maelicke (Hrsg.): Lexikon der Sozialwirtschaft, Nomos-Verlag Baden-Baden, S. 643-646

Felber, Christian, in: http://www.christian-felber.at/artikel/pdf/Was_ist_Neoliberalismus.pdf, rev. 15.05.2017

Finkenwirth, Angelika; Diemand, Stefanie 2017: Wie arm sind die Deutschen?, Zeit vom 02.03.207; in: http://www.zeit.de/wirtschaft/2017-03/armutsbericht-2017-deutschland-paritaetischer-wohlfahrtsverband-faq, rev. 20.03.2017

Fricke, Thomas 2017; Kieler Instituts für Weltwirtschaft 2017: http://www.spiegel.de/wirtschaft/soziales/loehne-sollten-steigen-auch-aus-wirtschaftlichen-gruenden-kolumne-a-1142225.htm; rev. 07.04.2017.

Gerda Holz, Claudia Laubstein 2012: AWO-ISS-Studie - Von alleine wächst sich nichts aus; in https://www.iss-ffm.de/lebenswelten/inklusion/48.Von_alleine_waumlchst_sich_nichts_aus_hellip.html, rev. 10.07.2017.

Gerull, Susanne 2011: Armut und Ausgrenzung im Kontext Sozialer Arbeit, Weinheim und Basel.

Hammer, Lutz 2015, in: Hammer, Veronika, Lutz, Ronald: Neue Wege aus der Kinder-und Jugendarmut, S.7.

Hammersen, John Philipp 2016: Ursachen bekämpfen, nicht Symptome; in: http://www.tagesspiegel.de/politik/armut-in-deutschland-ursachen-bekaempfen-nicht-symptome/13035258.html, rev. 23.07.2017.

Heekerens, Hans-Peter 2011: Lebensqualität von Kindern und Jugendlichen - Das Konzept von UNICEF; in: http://liga-kind.de/fk-511-heekerens/. Der Beitrag ist die gekürzte Fassung eines gleichnamigen Artikels, erschienen in: Zeitschrift für Jugendkriminalrecht und Jugendhilfe, 2011, 22(1), 34-40.

Hepp, Gerd 2013: Der Staat als Akteur in der Bildungspolitik, in: http://www.bpb.de/gesellschaft/kultur/zukunft-bildung/145238/staat-als-akteur?p=all; rev. 25.07.2017.

Herriger, Norbert 2006; Stichwort Empowerment in: Deutscher Verein für öffentliche und private Fürsorge (Hg.): Fachlexikon der sozialen Arbeit. 6. Auflage, Berlin 2006; gekürzte Fassung in 7. Auflage, Berlin 2011, S. 232-233

Hock, Beate; Holz, Gerda; Wüstendörfer, Werner et al. 2000: Frühe Folgen - Langfristige Konsequenzen. Armut und Benachteiligung im Vorschulalter. Ergebnisse einer Befragung zur Lebenssituation und Lebenslage von 900 armen und nicht-armen Vorschulkindern, Frankfurt a. M. (Kurz ISS Studie 2000 b)

Holz, Gerda 2005: Frühe Armutserfahrungen und ihre Folgen; in: Zander, Margherita 2005: Kinderarmut; Verlag für Sozialwissenschaften

Holz, Gerda, Laubstein, Claudia 2015: Armut bei Kindern: Frühe Folgen und multiple Langzeitwirkungen. Zentrale Ergebnisse der AWO-ISS-Langzeitstudie zu Lebenslagen und Zukunftschancen (armer) Kinder – 1999 bis 2009/10. In: Frühe Kindheit 04/2015, S. 24-33

Holz, Gerda; Skoluda, Susanne 2003: Armut im frühen Grundschulalter - vertiefende Untersuchung zur Lebenssituation, Ressourcen und Bewältigungshandeln von Kindern. Ergebnisse der 2. AWO-ISS-Studie als vertiefende Untersuchung von 8jährigen Kindern in belasteten Lebenslagen, Frankfurt a.M. (kurz: ISS Studie 2003)

http://www.citynews-koeln.de/leben-geld-lohn-aufstocken-anspruch-bafoeg-_id4850.html CityNews/Köln/31.01.2017

Hurrelmann, Klaus; Quenzel, Gudrun 2010 (Hrsg): Bildungsverlierer/Neue Ungleichheiten; S. 14.

Klocke, Andreas & Stadtmüller, Sven 2009: Wandel der Familienformen in Deutschland und die Bedeutsamkeit des bürgerschaftlichen Engagements für das Familienleben. Expertise für den „Bericht zur Lage und zu den Perspektiven des bürgerschaftlichen Engagements in Deutschland", Wissenschaftszentrum Berlin, Projektgruppe Zivilengagement

König, Barbara: Auf dem Weg in die Kindergrundsicherung?!"In: Lutz, Ronald; Hammer, Veronika (Hrsg.): Wege aus der Kinderarmut - Sammelband, S. 60.

Kraft, Hannelore Welt vom 02.04.2017

Küppers, Barbara 2014: Kinderrechte müssen ins Grundgesetz, in: https://www.tagesschau.de/ausland/un-kinderrechtskonvention-101.html; rev. 01.08.2017.

Langner, Anke 2009: Verhaltensauffälligkeit, Verhaltensstörung; in: http://www.inklusion-lexikon.de/Verhalten_Langner.pdf, rev. 05.07.2017.

Lueb 2017: Armutsbericht des paritätischen Wohlfahrtsverbands 2017; in: http://www.swr.de/swraktuell/armutsbericht-2017-deutschland-erreicht-negativ-rekord/-/id=396/did=19113336/nid=396/1m5gr45/, rev. 17.08.2017

Lutz, Ronald 2011: Das Mandat der Sozialen Arbeit, Wiesbaden.

Lutz, Ronald 2015: Neue Wege aus der Kinder und Jugendarmut, Beltz/Juventa; Weinheim und Basel, S.65

Maas, Heiko - Bundesjustizminister 2017: Maas macht sich für Kinderrechte stark, 4. April 2017, in: ZEIT ONLINE, dpa, AFP, http://www.zeit.de/politik/2017-04/bundesjustizminister-heiko-maas-spd-kinderrechte-grundgesetz, rev-. 23.05.2017.

Maywald, Jörg 2008: Armut von Kindern - Anmerkungen aus kinderrechtlicher Sicht; Dokumentation des 11. Berliner Diskurses zur Jugendhilfe 2008; Deutsches Institut für Urbanistik GmbH, Berlin; Arbeitsgruppe Fachtagungen Jugendhilfe

Meisner, Matthias 2012 in: http://www.tagesspiegel.de/politik/aussagen-zur-lohnentwicklung-gestrichen-bundesregierung-weist-vorwuerfe-zum-armutsbericht-zurueck/7447584.html, rev. 17.08.2017.

Nahles, Andrea zitiert in Siems, Dorothea 2017, In: https://www.welt.de/wirtschaft/article163119068/Nahles-verkuendet-ihre-eigene-duestere-Armuts-Botschaft.html Von Dorothea Siems | Veröffentlicht am 23.03.2017/Die Welt/Wirtschaftsressort, rev. 20.05.2017

Rudzio, Kolja 2017 a in: Die Zeit vom 23.03.2017: Aussortiert bei H&M; in: http://www.zeit.de/2017/29/h-und-m-mitarbeiter-betriebsrat-kuendigung-arbeitsbedingungen/komplettansicht?print; rev. 15.06.2017.

Rudzio, Kolja 2017 b in: Die Zeit vom 30.03.2017 „Diese Zahl bewegt Deutschland" von Kolja Rudzio, nach zu lesen in http://www.zeit.de/serie/fakt-oder-fake, rev. 15.04.2017.

Sauerwald, Gregor 1996: Soziale Arbeit als 'Kampf um Anerkennung', in: Bauer, Brigitte; Engelhardt, Paulus; Rainer, Michael J. (Hrsg.) 1996: Armut und Soziale Arbeit, a.a.O., S. 09-19.

Schwesig, Manuela 2014 in: https://www.bmfsfj.de/bmfsfj/aktuelles/alle-meldungen/manuela-schwesig--kinderrechte-gehoeren-ins-grundgesetz/112626, rev. 12.08.2017.

Seithe, M. 2001: Praxisfeld: Hilfe zur Erziehung. Fachlichkeit zwischen Lebensweltorientierung und Kindeswohl. Opladen: Leske & Budrich.

Siems, Dorothea 2017: Schulz' Gerechtigkeitsthese – das wahre Problem ist ein anderes; in Welt N 24 vom 28.02.2017; in: https://www.welt.de/wirtschaft/article162451800/Schulz-Gerechtigkeitsthese-das-wahre-Problem-ist-ein-anderes.html, rev. 12.-05.2017.

Statista, das Statistik-Portal in: https://de.statista.com/statistik/daten/studie/1319/umfrage/aktuelle-arbeitslosenzahl-in-deutschland-monatsdurchschnittswerte/, rev. 08.05.2017.

Statistisches Bundesamt in der FAZ vom 16.02.2017 IN: http://www.faz.net/aktuell/wirtschaft/konjunktur/zahl-der-beschaeftigten-ende-2016-auf-rekordhoch-14880732.html, rev. 10.05.2017.

Verein Für soziales Leben e.V.: Mindestlohn in: http://www.mindest-lohn.org/; rev. 12.08.2017.

Wissenschaftliche Beirat des Finanzministers Schäuble 2017: https://www.welt.de/wirtschaft/article162451800/Schulz-Gerechtigkeitsthese-das-wahre-Problem-ist-ein-anderes.html, rev. 13.05.2017.

Wissenschaftliche Beirat des Finanzministers Schäuble 2017: https://www.welt.de/wirtschaft/article162451800/Schulz-Gerechtig-keitsthese-das-wahre-Problem-ist-ein-anderes.html, rev. 18.06.2017.

World Vision Institut 2008; in: http://www.armut.de/impressum.php; rev. 09.07.2017

Zander, Margherita 2015: Laut gegen Armut - leise für Resilienz. Was gegen Kinderarmut hilft. Beltz Juventa, Weinheim und Basel.

Wustmann, Corinna 2004: Resilienz. Widerstandsfähigkeit von Kindern in Tageseinrichtungen fördern. Cornelsen Skriptor.

Staub-Bernasconi, Silvia 2007: Vom beruflichen Doppel- zum professionellen Triplemandat; Wissenschaft und Menschenrechte als Begründungsbasis der Profession Soziale Arbeit; In; http://www.ave-nirsocial.ch/cm_data/Vom_Doppel-_zum_Tripelmandat.pdf; rev. 30.03.2017.

Armut verbinden wir normalerweise mit Bildern aus armen Ländern in Afrika oder Krisengebieten auf der ganzen Welt. Doch auch in Deutschland gelten derzeit 15,7 Prozent der Bevölkerung als arm. Das entspricht etwa 12,9 Millionen Menschen, unter ihnen auch viele Kinder.

Wieso sind in einem reichen Land wie Deutschland so viele Kinder von Armut betroffen? Was zeichnet diese relative Armut aus? Und wer ist davon betroffen? In seiner Publikation erklärt Arne Mayerhof, wie es zu der anhaltenden Kinderarmut kommt.

Dabei setzt er sich vor allem mit betroffenen Kindern auseinander, die bereits in elterliche Armutsumstände hineinwachsen und sich einem herausfordernden Lebensweg stellen müssen. Mayerhof zeigt aber auch, wo die Soziale Arbeit ansetzen kann und welche Handlungsmöglichkeiten es gibt.

KINDERARMUT IN DEUTSCHLAND

URSACHEN, AUSWIRKUNGEN UND HANDLUNGSMÖGLICHKEITEN DER SOZIALEN ARBEIT

ARNE MAYERHOF

openpublishing.com
ISBN 9783956875212

$$\frac{x+y}{z}=?$$

Max Köhler

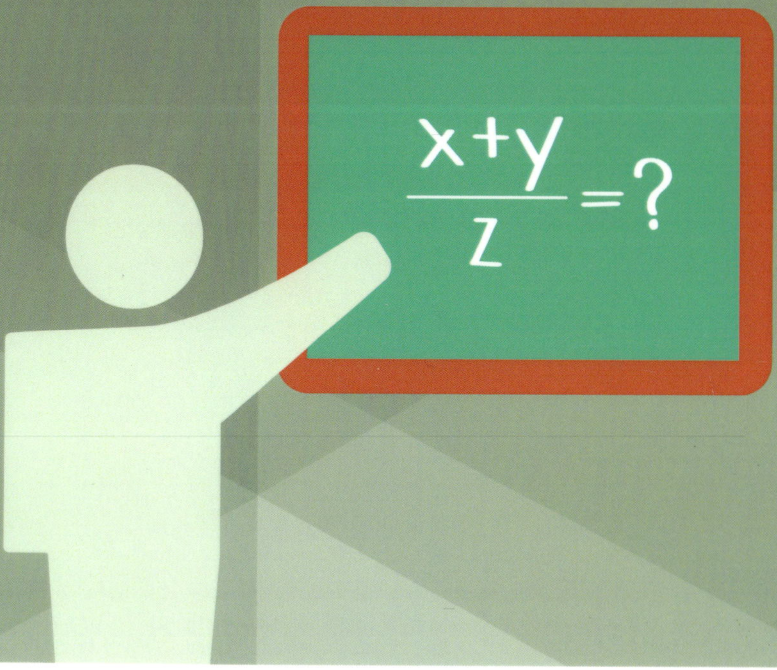

Differenzielles Lernen im Sport

Ein Trainingskonzept zur Verbesserung der Passtechnik im Fußball?